JOHAN HJELMBORG UND LOUISE KIRSEBOM

Das Konsultationshoroskop

Standardwerke der Astrologie

JOHAN HJELMBORG
UND LOUISE KIRSEBOM

Das Konsultationshoroskop

Mit der Stundenastrologie
Strategien entwickeln

CHIRON VERLAG

ISBN-10: 3-89997-139-6
ISBN 13: 978-3-89997-139-2

Deutsche Erstausgabe
1. Auflage 2006

Umschlag: Walter Schneider
Umschlagfoto © Mauritius Images, Mittenwald

Druck: Finidr, Český Těšín

Zu beziehen über den Buchhandel oder direkt beim
Chiron Verlag, Postfach 1250, D-72002 Tübingen
www. chironverlag.com

Inhalt

Herzlichen Dank an

Herrn Stiehle für die Anregung, dieses Buch zu schreiben, sowie an Barbara Salomon, Heidi Volkart und Reynold Nicole für Korrekturen und Anregungen;

Renate Tončić, Peter und Rita Fraiss, Sonja Freninger, Elisabeth Tibble, Klaus Bonert, Mona Riegger, Christiane Wollinski, Heidi Volkart, Reynold Nicole, Ueli Sauter und Claude Weiss für langjährige Unterstützung unserer Arbeit im deutschsprachigen Raum.

Was ist ein Konsultationshoroskop?

Die Ratsuchenden präsentieren ihre Anliegen auf verschiedene Weise. Einerseits mit Fragen wie »Was wird geschehen?«, »Wo befindet sich?« Andererseits aber auch mit Fragen wie: »Worum dreht es sich«, »Was soll ich tun?

Im ersten Fall wenden sie sich an den Wahrsager und damit an das klassische *Stundenhoroskop*: Eine Frage wird gestellt, eine Antwort erwartet.

Im zweiten Fall wenden sie sich an den Berater, es wird eine Erläuterung oder Strategie gesucht. Das *Konsultationshoroskop* ist geboren.

Das Stundenhoroskop und das Konsultationshoroskop sind prinzipiell identisch. Beide werden als «Geburtshoroskop» für die Frage, für die Situation, aufgestellt. Der Unterschied liegt in der Betrachtungsweise, in der Handhabung.

Meistens wird dasselbe Horoskop im Laufe der Beratung abwechselnd als Stundenhoroskop oder als Konsultationshoroskop betrachtet. Beziehungsweise der Astrologe findet heraus, dass es sich bei dem vermuteten Stundenhoroskop eigentlich um ein Konsultationshoroskop handelt oder umgekehrt.

Der Klient fragt: *Wie* kann ich den Konkurs vermeiden? Er fragt nach einer Strategie und wendet sich somit im Prinzip an den Berater und an das Konsultationshoroskop. Doch der Astrologe sieht den Saturn kurz vor der Kulmination in Skorpion und muss in die Rolle des Wahrsagers schlüpfen: «Gar nichts können Sie tun. Der Konkurs ist eine Tatsache.»

Andererseits kann der Astrologe ein Stundenhoroskop in ein Konsultationshoroskop verwandeln. «Wann kommt mein Mann zu mir zurück?» Mit dieser Frage wendet sich die Frau an das Stundenhoroskop und an den Wahrsager. Venus ist stationär in Skorpion. Der Partner kommt nicht zurück. Statt direkt zu antworten, kann man als Astrologe Gegenfragen stellen: «Warum wollen Sie ihn überhaupt wieder? Was hat er Ihnen überhaupt gegeben – außer Schmerzen und Kosten?» Der Astrologe fordert die Klientin zu einem Denkprozess auf – und befindet sich sofort in einem Konsultationshoroskop.

Der Klient beschreibt irgendeine Ausgangssituation. Die muss man im Horoskop wiederfinden, das Horoskop sollte der Problemstellung entsprechen. Wenn man als Berater nicht versteht, worum es geht, kann man keine vernünftigen Ratschläge geben.

Manchmal sieht man sofort, dass das Horoskop der Problemstellung entspricht: Der Mond steht zum Beispiel im 4. Haus, es wird über einen Umzug gesprochen. Mars steht im 7. Haus, es gibt Streit. Als Astrologe hat man nun einen plausiblen Anhaltspunkt und kann die Sache weiter verfolgen. Ebenso wenn Jupiter in Zwillinge im 10. Haus steht und der Klient sich darüber beklagt, dass ihm die vielen verschiedenen Aufgaben über den Kopf gewachsen sind.

Oft ist die formulierte Frage jedoch nicht unmittelbar einleuchtend. Dafür gibt es grundsätzlich zwei Erklärungen: Entweder wir haben als Astrologe noch nicht den Gesamtzusammenhang erkannt oder der Klient stellt Scheinfragen. Dann muss die Angelegenheit mit Gegenfragen und Kontrollfragen geklärt werden. Das Horoskop hilft uns, diese Gegenfragen zu formulieren, indem es immer deutlich auf bestimmte Bereiche weist. Letzthin fragte eine Frau: «Wann findet mein Mann eine neue Arbeit?» Im Fragehoroskop standen Mond und Venus am Aszendenten in Krebs im Quadrat zu Jupiter in Waage im 4. Haus. Spannungen zwischen Krebs und Waage weisen meistens auf «häuslichen Unfrieden» hin. Diese Frau dachte vermutlich, die Unstimmigkeiten würden sich auflösen, sobald er eine Arbeit finden würde. Was ja, oberflächlich betrachtet, durchaus wahrscheinlich ist. Nur: Das Horoskop erzählt eine andere Geschichte, lenkt die Aufmerksamkeit auf Launenhaftigkeit und Gemütsschwankungen. Es gibt dem Berater aber kein Mandat, die Frage direkt zu beantworten, es fordert zu einem Gespräch auf.

Manchmal ist das Mandat auf Anhieb klar, in anderen Fällen müssen wir unser Mandat suchen. Sicher ist, das Horoskop hat immer eine Botschaft, es hat immer eine Geschichte zu erzählen. Die Ratsuchenden melden sich immer zum richtigen Zeitpunkt, auch wenn ihnen die wirkliche Problemstellung noch nicht bewusst ist.

Wir bewegen uns bei der Deutung in drei Welten: den Welten der Planeten, der Zeichen und der Häuser.

Die Planeten und ihre gegenseitigen Beziehungen zeigen die Geschehnisse, die konkreten Ereignisse, die Bewegungen, die psychodynamische Dimension. Die Planeten sind die Akteure der Astrologie. Im Stundenhoroskop beobachten wir die Bewegungen am Planetenhimmel und schließen daraus auf die Geschehnisse auf der Erde. Der Stundenastrologe beschreibt *das äußere Schicksal*. Im Konsultationshoroskop sehen wir die Planeten quasi als Schachfiguren, die den Spielregeln entsprechend eingesetzt werden können. Der Berater setzt *die Freiheit* voraus.

Einzelne Aspekte können unter Umständen über Wochen prägend sein und werden in sämtlichen Beratungen – und Gesprächen mit Kollegen – auftreten. So gab es im Juli 2005 ein Sonne/Mars-Quadrat. Dieser Aspekt war am 12. Juli exakt, war aber bereits Wochen vorher deutlich aktiv. Die Sonne befand sich im Wohn- und Familienzeichen Krebs, Mars im Aktivitäts- und Angriffszeichen Widder. (Familien-)Gründungen und Umbauten gehörten zu den täglichen Gesprächsthemen, wie auch Streit und Aufruhr in den Gemeinschaften.

Die Tierkreiszeichen geben die Themen an. Sie liefern die Substanz, die Qualität, den Hintergrund, das Milieu, die Umgebung, kurz: den Gesprächs*stoff*. In Stier spricht man über Geld und Platzverhältnisse, in Schütze über Freiheitsdrang und Horizonterweiterung, in Wassermann über Ideologien und Freundschaften.

Je nach Umgebung treten die Planeten in verschiedenen Funktionen, in ihren verschiedenen Verkleidungen, auf. Steht Mars in Widder, denken wir an den Pionier, in Jungfrau an den Feinmechaniker, in Schütze an den Kreuzritter. Andererseits modifizieren die einzelnen Planeten durch ihre Gegenwart das Szenario: Bei Merkur in Wassermann denken wir an Ausbildungsstätten, Theorien und Pädagogik, bei Venus in Wassermann eher an geistige Übereinstimmung und Solidarität, an gemeinsame Freizeitinteressen, vielleicht auch an die Frauenbewegung etc.

Die Häuser zeigen die Ausgangsposition, die aktuelle Situation, den Entfaltungsbereich. Positionen in den Häusern sind «kurzlebig», die Planeten halten sich durchschnittlich nur zwei Stunden in den einzelnen auf. Die Häuser zeigen die momentanen «Parkplätze» der Planeten. In den Zeichen halten sie sich unter Umständen jahrelang auf, der Mond als der schnellste «Planet» durchschnittlich 2½ Tage.

Absolut übergeordnet sind Planeten in der Nähe der Hauptachsen. Sie verraten immer eine zugespitzte, akute Situation. Die Häuser beantworten die Frage «Wo?». So dreht es sich im 5. Haus im weitesten Sinne um den Spielplatz, im 6. um den Arbeitsplatz, im 12. um das stille Kämmerlein etc.

Die Zeichen und Planeten erzählen, wie «die Häuser eingerichtet» sind. Der Spielplatz kann die Werkstatt sein (Jungfrau), das Labor (Skorpion), die Diskothek (Löwe), der Sportplatz (Schütze) oder das Rendezvous (Waage). Die Häuser haben keine Eigenqualität, alle Häusersysteme sind Rastersysteme, die von Zeichen und Planeten belebt werden.

Ablauf, Verlauf, Dynamik, Entwicklung

Ein jedes Horoskop ist ein Bild von der Schwelle zwischen Vergangenheit und Zukunft, eine Momentaufnahme aus einem Film. Die Bewegungen und Aspekte der Planeten beschreiben den Verlauf der persönlichen Prozesse und die Interaktionen mit der Umwelt.

Exakte Aspekte entsprechen den aktuellen Zuständen und Themen, abnehmende Aspekte dem Vorangegangenen, zunehmende Aspekte dem Künftigen. Stationäre Planeten zeugen im Allgemeinen von Stillstand, rückläufige Planeten von Rückschritt oder Rückblick. Aktivierungen der Planeten durch die Hauptachsen lösen Ereignisse aus.

Planeten oder Hauptachsen in den ersten Graden der Tierkreiszeichen besagen «Sie befinden sich seit kurzem in ...», am Ende der Zeichen: «Sie befinden sich in der letzten Phase von ...» Planeten und Hauptachsen sind für die *Zeitmessung* zuständig.

Die Planetenbeziehungen in Konsultationshoroskopen

In Stunden- und Konsultationshoroskopen sehen wir die Planeten als Repräsentanten für uns Menschen nach dem Motto «Wie oben – so auch unten». Am Himmel wird laufend das Drehbuch geschrieben, die Erde ist die Bühne, wir sind die Schauspieler. Die Planeten treten ab und zu allein auf, liefern eine «One-Man-Show» (geschieht typischerweise an den Hauptachsen), doch meistens gehen sie Bündnisse ein, treten in Konstellationen auf, wie auch wir uns meistens in zwischenmenschlichen Zusammenhängen befinden. Und wie bei Menschen variieren Benehmen und Funktion der Planeten je nach Situation und Umfeld. Wir benehmen uns in der Kirche anders als in der Diskothek, und der Geliebte ruft andere Gefühle hervor als der Beamte vom Finanzamt.

Die Funktion der einzelnen Planeten kann klar eingekreist und beschrieben werden. In der Praxis ist die Vielfalt der Erscheinungsformen jedoch unendlich, abhängig von der Stellung in Zeichen und Häusern und vor allem abhängig von den spezifischen Lebensumständen des Ratsuchenden.

In diesem Kapitel versuchen wir, die einzelnen Planeten in ihren Verbindungen (Aspekten) zu den übrigen Planeten zu beschreiben, denn, wie bereits oben gesagt, in der Praxis treten sie selten in ihrer «reinen Form» auf. Mit «Spannungen» sind Konjunktionen, Quadrate und Oppositionen gemeint.

Die Kombinationsdeutungen und Begriffe wie «Banditen» und «Haustyrannen» sollten wortwörtlich gelesen und verstanden werden. Entsprechende Charaktere treten immer wieder in den Konsultationshoroskopen auf. Der Leser könnte den Eindruck erhalten, wir seien Misanthropen, die auf die Schattenseiten fokussieren. Das ist eine Berufskrankheit, denn die Menschen kommen meist dann in die Beratung, wenn es Probleme gibt.

Die Sonne (☉) ist der Hauptdarsteller, sie ist der «Star», unser Stern, wird aber im Fachjargon zu den Planeten gezählt. Die Sonne steht im Zentrum, alles kreist um sie.

Die Sonne verleiht uns Ausstrahlung, Licht und Bewusstsein. Sie stellt den Kern unserer Persönlichkeit dar, ihr Verlauf zeigt den zentralen Prozess, ihre Beziehungen zu den Planeten beschreiben die laufenden Integrationsprozesse der Persönlichkeit. Kurz: Die Sonne ist der König, die Hauptperson, die Planeten sind ihre Untertanen, Diener und Werkzeuge.

Die Erde, unser Heimatplanet, gibt uns die Stofflichkeit, den Körper, das physische Ich.

Auch **der Mond** (☾) ist kein gewöhnlicher Planet. Als unser Trabant und Nachbar stellt er den ersten Kontakt zum Weltraum her, der Mond ist unsere Empfangsstation, unsere Parabolantenne. Der Mond versorgt uns mit physischer, gefühlsmäßiger und geistiger Nahrung. Alles, was uns erreicht, ist durch den Filter des Mondes gegangen. Der Mond ist unser Bedürfnis-Ich.

Innere Planeten

Zwischen Sonne und Erde kreisen die Planeten Merkur und Venus. Sie kommunizieren, vermitteln und verbinden. Zusammen sorgen sie für das sozial-gesellschaftliche Leben und die entsprechenden Fertigkeiten.

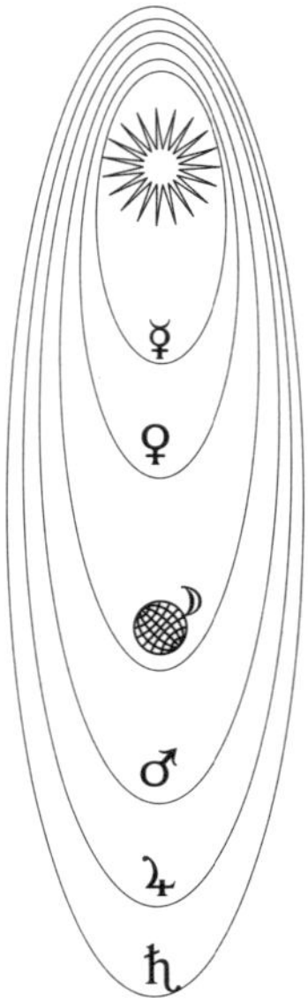

Abb. 1

Merkur (☿) – der kleine Planet – ist der Sonne am nächsten und damit «der engste Mitarbeiter» der Sonne. Merkur ist klein und wegen seiner Nähe zur Sonne in der Regel unsichtbar. Merkur «verschmilzt» oft mit der Sonne. Er ist sozusagen ihre «rechte Hand» oder der «verlängerte Arm», ihr Bote und Stellvertreter, Butler, Sekretär und Buchhalter. Merkur sorgt dafür, dass alles funktioniert.

Die Aufgabe Merkurs ist es, für einen klaren Kopf zu sorgen, Augen und Ohren offen zu halten, aufmerksam und beweglich zu sein, er ist auch der Lehrling und Schüler. Merkur ist immer im Dienst, er hat keine eigene Tagesordnung. An sich ist Merkur also «so gut wie nichts», klein und unsichtbar. Doch ohne Merkur kommt niemand klar. Ohne Merkur keine Bewegung. Merkur ist immer «the missing link», der Schlüssel, der «passe-par-tout».

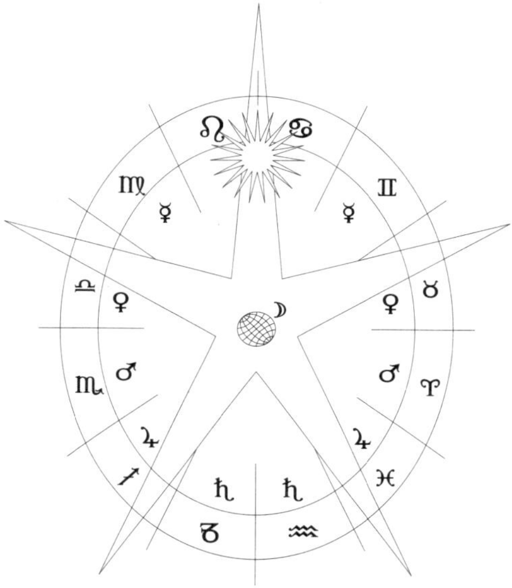

Abb. 2

Postboten, Busfahrer und Reporter üben typische Merkurtätigkeiten aus.

Venus (♀) – der schöne Planet – befindet sich weiter von der Sonne entfernt, so dass wir sie ab und zu strahlend als Morgen- oder Abendstern sehen können.

Während Merkur für die Kommunikation selbst sorgt, ist Venus für die Kommunikations*form* zuständig. Bei Venus liegt die Fähigkeit, sich auf Wellenlängen, Umgangsformen, Normen und Werte einzufühlen.

Jede Gesellschaft oder Gruppe, jede Firma oder Umgangskreis, auch jede Familie hat eine eigene Kultur und Grundstimmung mit eigenen Gepflogenheiten, Übereinkünften, Konventionen und Spielregeln und mit einer mehr oder weniger festgelegten «Etikette». Rocker haben ihren eigenen

Umgangston, genauso wie Parlamentsmitglieder, die Schickeria oder die Arbeiter auf der Baustelle. Venus sorgt dafür, dass der Zusammenhalt, die Verbindungen und die Versorgungslinien in Ordnung sind.

Venus ist der Planet der Werte, auch der gemeinsamen Werte. Das Aussehen – ein schönes Gesicht, eine gute Figur – hat einen Handelswert, doch Schönheitsideale sind verschieden, je nachdem, wo wir uns befinden. Dinge haben genau den Wert, den die Leute dafür zu bezahlen bereit sind. Modeschmuck, der heute womöglich zu unerschwinglichen Preisen verkauft wird, ist im nächsten Jahr vielleicht völlig wertlos. Alle Waren, alles, was gekauft werden kann, im Alltag typischerweise Essen und Trinken, gehören zur Venus.

Venus sorgt für die Formgebung, sie gibt uns aber auch das Gespür für Harmonie und Ästhetik. Und für Qualität. Für die Qualität der Materialien und für die Qualität des Augenblicks. Im zwischenmenschlichen Austausch ist das Timing, der richtige Augenblick, entscheidend, egal ob man verhandelt, flirtet, Witze erzählt oder zusammen musiziert.

Das Gespür für eine Situation, die Geistesgegenwart, liegt bei Venus, die Handlungen liegen bei Merkur.

Jede harmonische Beziehung beruht auf dem Gleichgewicht zwischen Geben und Nehmen. Aber eine Beziehung, die ausschließlich auf den Prämissen der Venus beruht, wird früher oder später vorhersehbar zur Routine. Venus verfällt gerne der Bequemlichkeit und der Gewohnheit, sie verspricht zwar Sicherheiten und Garantien, aber bestimmt keine Entwicklung. Merkur ist derjenige, der für Veränderung und Erneuerung sorgt.

Merkur und Venus treten normalerweise als gute Freunde, Geschwister und Gesprächspartner auf. Sie sind relativ häufig in Konjunktion. Die meisten anderen Konjunktionen sind kritisch, die Merkur/Venus-Konjunktion nur dann, wenn sie von anderen Planeten, von einem gemeinsamen Feind, psychologisch gesehen von einem gemeinsamen Schatten, angegriffen wird.

Typische Merkur/Venus-Jobs sind: Kellner (Geistesgegenwart), Kosmetikerin, alle Pflegeberufe, Kunstsachverständiger, Dekorateur (alles, was mit Ausstellungsfenstern zu tun hat), Verkäufer.

Äußere Planeten

Außerhalb der Erdbahn lassen sich drei weitere Planeten am Nachthimmel erblicken. Sie setzen sich über die Konventionen und die polierte Fassade der Venus hinweg, sind nicht durch Zugehörigkeit, Zusammenhalt oder Rückhalt beschützt, sondern sind an und für sich Einzelgänger.

Mars (♂) – der rote Planet – hat eine gute Nase, er wittert Gefahren und reagiert instinktiv, er zieht schnell seine Waffe, die Zündschnur ist kurz. Mars ist der Motor, er liefert Energie.

Mars ist unserer Arbeiter, er ist dort, wo der Maschinenpark steht. Wenn er sich mit Merkur verbindet, lernt er, die Motorik zu beherrschen und Werkzeuge zu bedienen, Mars/Merkur ist der Feinmechaniker. Mars schreckt vor schmutzigen Händen nicht zurück, er greift ein, bewirkt, transformiert. Jede Neuschöpfung bedeutet zugleich eine Zerstörung. Alles, was von Mars berührt wird, ist für immer verwandelt, der Baum, der gefällt, der Stein, der geschliffen, das Eisen, das geschmiedet wird. Mars ist Erneuerer und Produzent.

Mars gehört traditionell zu den «Übeltätern». In der täglichen Praxis zeigt sich dies deutlich in Perioden, wenn Mars ungünstig mit Merkur verbunden ist (Konjunktion, Quadrat, Opposition), denn Schlauheit und Gewalt sind potenziell eine gefährliche Kombination. Man kann in Mars/Merkur-Horoskopen davon ausgehen, dass Verbrechen vorliegen, dass irgendwo «ein Hund begraben liegt». Wir nennen Mars/Merkur gern den «Banditenaspekt».

Wenn sich Mars mit Venus verbindet, will er meistens etwas

haben, oft Sex oder Geld. Mars verstärkt den Hier-und-jetzt-Aspekt der Venus (gutes Gespür für die Situation), zusammen sind sie magnetisch, leidenschaftlich, schöpferisch. Mars und Venus sind erdnahe Planeten, daher zählen die physischen, emotionalen und materiellen Werte. Gelegentlich «neutralisieren» sie sich jedoch gegenseitig oder besser: Venus wird marsisch, Mars wird venusisch.

Bei Spannungen sind auch die Kämpfe leidenschaftlich, intensiv, instinktiv, alles oder nichts, gewinnen oder verlieren. Die Konjunktion kann in Bezug auf Beziehungen geradezu verheerend destruktiv sein (Konkurrenz, Neid, Eifersucht).

Eigentlich kümmert sich Mars nicht um Spielregeln, er ist anarchistisch und schlägt oft unter der Gürtellinie zu. Doch wenn er unter dem Einfluss von Merkur und Venus «stubenrein» geworden ist, wird auch er im kulturellen Leben zu finden sein, zum Beispiel als Athlet, Spitzensportler, Kunsthandwerker, Ballett-Tänzer oder Rockmusiker. Mythologisch ist Mars als Krieger und Tänzer bekannt und als der Beschützer der Viehherden. Wenn er zusammen mit der Sonne steht, der Hauptperson, tritt er häufig als Bodyguard auf.

Jupiter (♃) – der große Planet: Während sich Mars und Venus in der Nähe von Mutter Erde aufhalten, geht Jupiter einen Schritt weiter. Jupiter folgt seiner Intuition und Überzeugung und geht seinen eigenen Weg. Er braucht Spielraum und nimmt sich Freiheiten heraus. Jupiter «thinks big», er sorgt für Erweiterung und sieht die Welt aus einer umfassenderen Perspektive, er sieht die Möglichkeiten und setzt sich eigene Ziele. Wo Jupiter ist, ist Größe, Überfluss – und Übertreibung.

Beim Mond entspringt das biologische Leben, durch den Mond wird das Erbe weitergeleitet, doch Jupiter ist der Planet der Schwangerschaft, der Planet des Wachstums.

Merkur verleiht Jupiter einen guten Überblick, so wie der Adler, der einerseits alles überblickt, gleichzeitig aber imstande ist, die kleine Maus in der Wiese konzentriert im Blickfeld zu behalten. Mit Merkur kann Jupiter als Direktor, Steuermann, Instrukteur auftreten. Zusammen stellen sie Wissen und Wahrheiten infrage und machen sich ihre eigenen Gedanken. Jupiter hat Visionen, die über das Herkömmliche hinausgehen, er ist auch Philosoph, Prophet und Hellsichtiger.

In Verbindung mit Venus bringt Jupiter Reichtum und Wohlstand, mit Venus zeigt sich Jupiter als Großgrundbesitzer und genießt gesellschaftliches Ansehen. Weil er geerbt hat oder weil er zur richtigen Zeit am richtigen Ort war, vielleicht das große Los gezogen hat oder eine gute Partie geheiratet hat. Ist er gleichzeitig auch mit Merkur gut befreundet, ist er der Inbegriff des erfolgreichen Geschäftsmannes, er ist aufmerksam, hat Sinn für Qualität und den Mut, seiner Intuition zu folgen. Diese Kombination verleiht der Sonne eine charismatische Persönlichkeit.

Wie Mars ist auch Jupiter an sich anarchistisch, er ist der geistige Rebell. Für das Bündnis Mars/Jupiter gilt das Recht des Stärkeren, Energie ist hier verbunden mit Potenz, Wille verbunden mit Überzeugung, das ist ein durchsetzungsstarker, nicht immer ungefährlicher Cocktail. Er kann rechthaberisch, intensiv und draufgängerisch sein, ein Kreuzritter und Haustyrann.

Saturn (♄) – der äußerste Planet – ist der fernste unter den Planeten, die wir mit bloßem Auge sehen können. Und Saturn ist es, der die Grenzen setzt und Stopp sagt. Saturn ist der Planet der Tatsachen – und der Voraussetzungen. Saturn stellt Bedingungen.

Unsere biologische Uhr tickt, eines Tages ist es aus. Das Alter und der Tod gehören zu Saturn. Wir sind zu einer bestimmten Zeit an einem bestimmten Ort auf der Erde geboren und sind in einer bestimmten Tradition aufgewachsen. Wir stammen aus bestimmten Familien mit bestimmten Verhältnissen. Wir haben selber ein bestimmtes Vorleben und einen Ballast, ein Fundament. Wir sind mehr oder weniger gesund. Wohnung und Aufenthaltsort bestimmten den Rahmen der persönlichen Entfaltung. Das Gleiche gilt für den Arbeitsplatz und die Person, die dort das letzte Wort hat. Autoritäten, Zensoren und Behörden sind Vertreter Saturns oder auch das Stoppschild und die Rechnung.

Wenn der sonst schnelle und flüchtige Merkur auf Saturn stößt, muss er nachdenken, in die Tiefe gehen, sachlich und konkret werden. Saturn/Merkur entspricht dem Buchhalter, dem Statistiker und dem Forscher. Saturn/Merkur bewahrt einen kühlen Kopf, ist eine nüchterne Figur. Es zählen Zahlen und Fakten.

Venus und Saturn können sich in Bezug auf Normen und Standards einig werden. Sie garantieren eine langjährige Ehe, ein stabiles Umfeld und feste Einnahmen mit Pension. Sie führen Traditionen weiter. Doch Venus/Saturn bringt auch viel Verpflichtung mit sich, und Treue hat ihren Preis. Die Leute sind nicht glücklich in ihren Beziehungen, wenn sie unter Venus/Saturn in die Beratung kommen. Aber sie können auch nicht daraus ausbrechen.

Saturn gibt Mars die Ausdauer und die Disziplin, die es braucht, um Resultate zu erzielen. Mars/Saturn ist die Kombination der harten Arbeit, diese wird bis zum bitteren Ende durchgezogen. Diese Kombination verleiht der Sonne eine willensstarke Persönlichkeit.

Klassisch gesehen haben wir es hier mit den zwei Übeltätern zu tun. In der Praxis geht es um Lähmung der Handlungsfähigkeit und Sisyphos-Situationen.

Sogar Jupiter muss sich vor den Gesetzen Saturns verbeugen, die Tatsachen anerkennen und die Einschränkung der Bewegungsfreiheit akzeptieren. Doch in Zusammenarbeit mit Saturn vermag Jupiter seine Visionen in die Praxis umzusetzen, sie denken beide langfristig. Jeder, der ein eigenes Geschäft aufgebaut hat, hat ein nahes Verhältnis zu Jupiter/Saturn. Wie übrigens auch jeder, der die Karriereleiter hochgeklettert ist und sich jetzt in leitender Position befindet.

Jupiter/Saturn-Spannungen, besonders die Konjunktion, gehen mit Umbrüchen in den Lebensstrukturen einher.

Diese Planeten sind alle in unserem Alltag gegenwärtig. Nur ihre Intensität und die Zusammenstellung sind beim Einzelnen verschieden. Außerhalb der Bahn Saturns kreisen noch weitere Himmelskörper um die Sonne. Sie liegen aber außer Sichtweite.

Wanderungen durch den Tierkreis

Regenten

Die Zeichen sind Gebiete, Orte, Milieus. Jedes Zeichen weist seine ureigene Grundstimmung, eigene Ressourcen, eigene Lernprozesse und Entfaltungsmöglichkeiten auf.

Stellen wir uns vor, die Planeten wären Menschen auf Reisen und durchwanderten verschiedene Länder (= die Zeichen) mit verschiedenen Landschaften, klimatischen Verhältnissen, Bevölkerungen, Sprachen und Sitten. Auf ihrer Wanderung durch den Tierkreis passen sie sich jeweils den Bedingungen an, verhalten sich chamäleonhaft zur Umgebung. Andererseits beeinflussen sie durch ihre Gegenwart das Land, also die Funktionen des betreffenden Zeichens.

Und wie wir Menschen «fühlen sich» die Planeten mehr oder weniger zu Hause, mehr oder weniger willkommen, bringen mehr oder weniger gute Voraussetzungen mit, sich ihrer Natur entsprechend zu entfalten. Menschen mit schlechtem Blutkreislauf werden arktische Gebiete meiden, und die Chancen zur Verständigung sind besser, wo man die Landessprache spricht. Jedes Zeichen stellt Ansprüche an Ressourcen, Fertigkeiten und Know-how.

In der astrologischen Tradition spricht man von den so genannten «Würden» oder «Domizilen» der Planeten. Der Zeichenherrscher ist der Planet, der von «Natur aus» am besten geeignet ist, die Interessen dieses Zeichens zu wahren und dessen Aufgaben auszuführen, denn jedes Zeichen ist zugleich

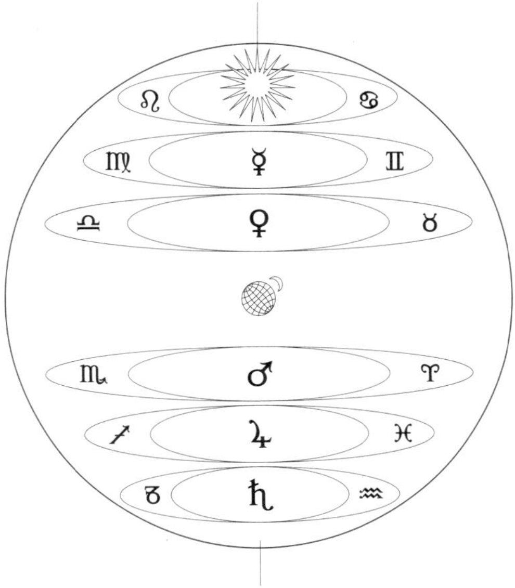

Abb. 3: Die Planetensphären

ein «Arbeitsplatz». In den Zeichen, die am weitesten von den Domizilen eines Planeten entfernt sind, steht der Planet dagegen im «Exil». Dort befinden sich die Planeten in «artfremder» Umgebung und müssen sich mit dem einen oder anderen «Handicap» abfinden. Bei der Deutung von Geburtshoroskopen ist ein Planet im Exil jedoch nicht unbedingt ein Schwachpunkt. Gerade Handicaps geben oft Anlass zur Entwicklung besonderer Fähigkeiten oder Fertigkeiten.

Darüber hinaus spricht man vom so genannten «Fall» und von der so genannten «Erhöhung» der Planeten. In einem Erhöhungszeichen fühlt sich ein Planet auch sehr willkommen. Gegenüber dem Erhöhungszeichen befindet sich der Planet im Fall. Dort fühlt er sich als Gast nicht sehr willkommen.

In der klassischen Astrologie spielen vordergründig die antiken Zeichenherrscher eine Rolle (siehe auch Abb. 3).

Beispiel: Der Mond gilt als klassischer Herrscher über das Zeichen Krebs. Bei der Arbeit mit Konsultationshoroskopen sollte man erfahrungsgemäß die Sonne als Mitherrscher berücksichtigen, vor allem bei der Personenidentifikation. Dies ist nicht etwa unsere «Erfindung», die englische Stundenastrologin Olivia Barclay bezieht sich auf Texte aus der Antike, wir beziehen uns auch auf den deutschen Astrologen Franz Frickler.

Synchronisierung

In der Stundenastrologie «stehen die Planeten für Personen und Gegenstände». Die klassischen Fragen an den Stundenastrologen beziehen sich fast ausnahmslos auf konkrete Situationen wie: «Finde ich meinen Schlüssel wieder?», «Hat mein Mann eine Geliebte?» usw. Der Astrologe betrachtet das Horoskop, sucht unter den Planeten die «Vertreter» der involvierten Personen und Gegenstände, wobei der Aszendentenherrscher fast ausnahmslos den Fragesteller vertritt, und beurteilt anhand ihrer Stellung und Bewegungen die wahrscheinliche Weiterentwicklung. Wird der Ehemann beispielsweise durch einen Planeten im Exil vertreten, ist die Wahrscheinlichkeit groß, dass er sich «unwürdig» verhält und gegebenenfalls fremdgeht. Befindet sich Merkur, der in der Frage eben den Schlüssel vertreten würde, hingegen im Zeichen Jungfrau, dem Zeichen, in dem er dominiert, kann man davon ausgehen, dass er «am richtigen Ort» ist und wieder gefunden wird.

Die Aspekte zwischen den Planeten beschreiben die Beziehungen und Interaktionen zwischen den jeweiligen Personen oder Gegenständen.

Die Konsultationshoroskope unterstehen den gleichen «Deutungsregeln» wie die Stundenhoroskope. Doch bei der Arbeit mit dem Konsultationshoroskop geht man unter Umständen weit über den Deutungsrahmen des klassischen Stundenhoroskops hinaus, wo Fragen im Prinzip lediglich mit «ja» oder «nein» beantwortet werden. Oft sind aber Vorschläge zur Herangehensweise an das Problem erforderlich. Die meisten Menschen stehen mitten im Leben, mit einem sozial-gesellschaftlichen Umfeld, und ihre Handlungen, ihr Freud und Leid sind weitgehend von den Interaktionen mit der Umwelt abhängig. Deshalb wird in jeder Beratung nicht nur über die Person selbst, sondern auch über ihre Mitmenschen gesprochen.

Johan hatte z.B. kürzlich eine Klientin am Telefon. Sie war dabei, ein Haus zu kaufen. Die einleitenden Verhandlungen waren bereits abgeschlossen, ein Preis war vereinbart, doch jetzt meldete der Verkäufer, dass der Preis um 50.000 Euro gestiegen sei.

Ein Blick in das Konsultationshoroskop zeigt: Jupiter befindet sich am Aszendenten, steht ihr also zur Verfügung. Mars steht in Opposition zu Jupiter und damit der Klientin gegenüber. Jupiter, der Richter und Befehlshaber, ist kategorisch und stellt gegebenenfalls ein Ultimatum. Johan empfahl ihr, Jupiter zu aktivieren: «Sagen Sie dem Verkäufer, Sie geben ihm 48 Stunden, Ihnen das Haus zum vereinbarten Preis zu verkaufen.» Die Klientin rief kurze Zeit später an, die Methode hatte funktioniert.

Die Synchronisierung zwischen Menschen (eventuell Tieren oder Gegenständen) und Planeten ist ein entscheidender Schlüssel zur Zeitmessung: Wie im Himmel, so auch auf der Erde. Was dem Planeten widerfährt, wird auch der Person widerfahren.

Dazu ein Beispiel: Im Februar kam ein Anruf von einem Mann, der seine Arbeit verloren hatte. Er fragte, wann er wieder eine Beschäftigung finden würde. Im Horoskop war er durch den rückläufigen Jupiter in Waage vertreten, Jupiter stand im 9. Haus (längerfristig). Er hatte somit schlechte Aussichten, in dieser Angelegenheit unmittelbar voranzukommen. Doch gute Verbindungen zu Sonne und Merkur, beide im Zeichen Wassermann, erlaubten trotzdem eine positive Prognose. Ich sagte ihm, es würde Anfang Juni vorwärts gehen, alte Freunde oder

Kollegen würden ihm eine Art Partnerschaft oder Bündnis vorschlagen. Jupiter wurde am 5. Juni direktläufig, im Trigon zu Sonne und Merkur in Zwillinge. Frühere Kollegen haben sich in der darauf folgenden Woche an ihn gewendet mit dem Vorschlag, gemeinsam eine Handels- und Transportunternehmen für den Flugverkehr zu gründen.

Die Tierkreiszeichen

Die Ergebnisse dieser Prognose kamen aus den Zeichen: Waage ist (im Gegensatz zu Widder) ein reaktives Zeichen, Waage ist kein Selbststarter. In Wassermann befinden sich die Gleichgesinnten, die Freunde und Kollegen. An Flugverkehr und Handel hatte ich damals nicht gedacht, aber einleuchtend sind sie, denn im Zeichen Zwillinge sind Handel und Transport angesiedelt. Und sowohl Waage als Zwillinge und Wassermann sind Luftzeichen.

Die Zeichen werden in der Regel zunächst konkret gedeutet. In jeder Form von Kommunikation empfiehlt sich, sein Gegenüber dort «abzuholen», wo es sich befindet. Die Menschen sind meist mit konkreten Problemstellungen beschäftigt, wie Wohnung, Arbeit, Gesundheit, Partnerschaft usw. Das soll natürlich nicht heißen, dass die Konsultationshoroskope nur auf der konkreten Ebene der sichtbaren Phänomene gelesen werden. Hinter der Welt der physischen Erscheinungen finden sich seelische, psychologische und geistige Wirklichkeiten, die sich, wie in der Traumdeutung, über die konkreten Bilder, über die Alltagsbegebenheiten erforschen lassen.

Entscheidend ist: Die Planeten und Achsen stehen genau dort, wo sie im Augenblick der Frage hingehören! Ich erinnere mich an eine Situation während eines Seminars. Eine Kursteilnehmerin hatte Probleme und stellte dazu eine Frage. Skorpion war am Aszendenten, sein Herrscher Mars in einem Erdzeichen, Steinbock, ebenso auch der Mond in Stier. Eine andere Kursteilnehmerin schlug hilfsbereit vor, Atemübungen zu machen. Atemübungen können sicher nie schaden, aber in diesem Zusammenhang war der Vorschlag nicht relevant. Die Planeten können nur in der Materie operieren, in der sie sich befinden. Atemübungen gehören zu den Luftzeichen, in den Erdzeichen geht es, therapeutisch gesehen, im Allgemeinen um Essgewohnheiten, Gartenarbeit oder Kunsthandwerk.

Die Planeten halten sich über einen kürzeren oder längeren Zeitraum in einem Zeichen auf. Der Mond knapp 2 ½ Tage, die Sonne einen Monat, Saturn knapp 2 ½ Jahre. Die Hauptachsen bewegen sich im Laufe des Tages durch alle Zeichen. Mit den Zeichenwechseln wechseln auch Aufgabe und Auftritt.

Der immerwährende Kalender

Je länger man Konsultationshoroskope erstellt, desto spannender werden sie. Allmählich lernt man die Zeichen und vor allem die *Zeichenkombinationen* kennen.

Die Sonne wandert jedes Jahr durch alle Zeichen. Sie strahlt die archetypischen, immer wiederkehrenden Themen der Zeichen aus.

♈ **Widder**

Sobald die Sonne in Widder eintritt, in nördlichen Breiten bei der Frühlings-Tag- und -Nachtgleiche, geht es in den Beratungen durchgehend um einen «Start». Widder, das erste Zeichen, ist das Zeichen der Anfänge, der Neubeginne, der Initiationen. Widder ist das Land der Pioniere, der Auswanderer und Neusiedler, es ist das Zeichen des ersten Spatenstiches – mit vielen Baustellen und Werkstätten. Hier wird energisch, meistens auch schnell gearbeitet, die Projekte sind kurzfristig, der Zeithorizont ist kurz.

Alle Debüts gehören zum Zeichen Widder: Premieren, die neue Arbeitsstelle, der neue Freundeskreis, das neue Logo. In Widder befindet man sich in Start- oder Aufbruchsphasen.

♉ **Stier**

Der Stier ist der Bereich der Talente, der Ressourcen und der Nahrung: Die Vorratskammer, das Holzlager, die Bank und das Restaurant sind typische Stier-Orte. Planeten in Stier denken in

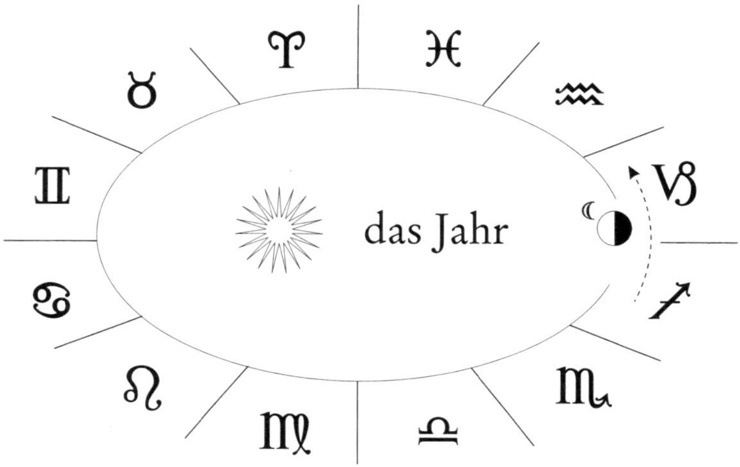

Abb. 4

Sicherheit, hüten ihren Besitz, schätzen Qualität, gutes Essen, einen stabilen und regelmäßigen Lebensstil. Das Tempo in Stier ist ruhig bis bedächtig.

Nach der Startphase folgt die Konsolidierungsphase. Während des Aufenthalts in Stier wird dafür gesorgt, dass die Versorgungslinien in Ordnung sind. Das Territorium wird abgesteckt und mit Hecken und Schlössern gesichert. Geld, Garantien und die räumlichen Verhältnisse sind die vorherrschenden Gesprächsthemen.

♊ Zwillinge

Während in Stier alles seinen festen Platz hat, ist in Zwillinge alles in Bewegung. Man ist unterwegs, oft mit dem Handy in der Hand, zwischen Schule, Arbeitsplatz und Markt pendelnd. Man unterhält sich mit Geschwistern und Nachbarn, die Antennen sind auf Empfang gestellt, Neuigkeiten werden aufgeschnappt und sofort weitergeleitet.

Auf dem Weg durch das Zeichen Zwillinge werden Wendigkeit und Koordination trainiert, es geht um «Multitasking», mehrere

Aufgaben werden gleichzeitig durchgeführt, zwei Jobs, zwei Ausbildungen, zwei Wohnungen, vielleicht gar zwei Freundinnen – oder eben mehrere. Die Zwillinge treten nie allein auf. Das Motto ist «sowohl – als auch», *nicht* «entweder – oder».

Das Nervensystem, das Verkehrsnetz, Korridore und Zeitungsredaktionen gehören zum Zeichen Zwillinge.

♋ Krebs

Das Zeichen Krebs liegt an einem der Wendekreise. Das rastlose Herumreisen in Zwillinge ist vorbei, man kehrt nach Hause zurück. Der Hafen ist ein typischer Krebs-Ort, wie auch die Höhle, die Badewanne und das Bett. Im Krebs ist man erinnert an den Ursprung, an das Leben im Mutterschoß. Hier befinden wir uns in der Vergangenheit, bei den gefühlsmäßigen Wurzeln, kehren zum Elternhaus zurück, vereinigen uns mit der Familie, begegnen Menschen «von früher», Erinnerungen steigen hoch. Der Krebs stellt auch die Verbindung zu Archäologie und Geschichte, zu verschwundenen Kulturen und den archetypischen Bildern der Seele her.

In Krebs ziehen wir uns zurück, kommen zur Ruhe, schlagen Wurzeln, gründen eine Familie, schaffen neues Leben. Wir kaufen Häuser, gründen Firmen und Fabriken. Oder wir malen gerne.

Die Atmosphäre im Krebs ist von psychischen Bedürfnissen geprägt, Kommunikation und Aktivität beruhen auf Bauchgefühl und intuitivem Wissen. Das Gemüt ist schwankend, von den Mondphasen abhängig.

♌ Löwe

Mit dem Eintritt in Löwe verlassen wir den Schoß der Familie, werden Gestalter des eigenen Lebens und damit zum Schmied des eigenen Glücks. In Löwe geht es um den Mut, seine Kräfte auf die Probe zu stellen, den eigenen Stil zu finden, sich persönlich zu promovieren und sich selbstverständlich ins Rampenlicht zu stellen. Echt und authentisch zu sein – und zu bleiben. In Löwe kann man sich nicht auf den Lorbeeren der Vergangenheit ausruhen, alles wird im Jetzt erschaffen. Die Atmosphäre ist spontan und lebensbejahend, von Überfluss und Großzügigkeit geprägt.

In Löwe steht man im Mittelpunkt, im eigenen Mittelpunkt und im Mittelpunkt der Aufmerksamkeit. Prunk, Paläste, Vergnügungsstätten, Geburtstagsfeiern gehören zu Löwe. Viel Geld wird ausgegeben, denn in Löwe kümmert man sich nicht um das Budget.

♍ Jungfrau

In Jungfrau zählen Dienstleistungen. Hier ist es Aufgabe, eine kleine Funktion in der großen Ganzheit zu erfüllen. Man denke an die Kugeln im Kugellager, an die Einzelteile im Puzzle oder an das raffinierte Gewürz in der Suppe.

Es kommt auf Funktionstauglichkeit an, wenn wir uns in Jungfrau aufhalten. Immer gibt es hier etwas zu analysieren, zu reparieren oder zu verfeinern: Sinn für das Detail, Unterscheidungsvermögen, Fleiß und Fingerfertigkeit sind jetzt gefragt. Jungfrau ist das Gebiet der Servicestellen und Reparaturenwerkstätten, denn sowohl das Auto als auch die Gesundheit bedürfen ab und zu der aufmerksamen Pflege.

In der Jungfrau wird Perfektion angestrebt, doch es besteht häufig der Eindruck, das Tüpfelchen auf dem «i» fehle noch, ein besonderes Studium oder eine weitere Spezialisierung.

♎ Waage

Die Wanderung durch die Waage ist eine Gratwanderung auf dem goldenen Mittelweg. Die Aufgabe lautet, das Gleichgewicht zu finden und zu bewahren, sowohl im eigenen Inneren als auch in der Begegnung mit anderen. In Waage werden «Für» und «Wider» in die Waagschalen geworfen, abgestimmt, verschiedene Möglichkeiten werden in Erwägung gezogen, es wird verhandelt, nach Vereinbarungen und Vergleichen gesucht.

Die Leitmotive sind «Gerechtigkeit und Angemessenheit»,

bei jedem Handel sollten beide Parteien einen Vorteil ziehen können. Über- und Untertreibungen kommen öfter einmal vor, und viele Über- und Untergewichtige finden sich im Land der Waage. Durch Mäßigkeit und Kompromisse können sich hier Türen öffnen.

Die Waage ist überall dort, wo sich Menschen begegnen, sei es im Krieg oder im Frieden. Allianzen, Partnerschaften und Rechtsstreitigkeiten sind die wiederkehrenden Themen.

♏ Skorpion

In Skorpion schauen wir hinter die polierte Oberfläche der Waage, um die Codes zu knacken. Der Skorpion ist die Wäscherei, das Krematorium und die Wiederverwertungsstation des Tierkreises. Man denke an den Goldgräber mit seinem Sieb: Erst wenn der Schlamm ausgespült ist, kommt der Schatz ans Licht. Oder bei der Renovierung des Hauses, das man vom Großvater geerbt hat – der Alte hatte sein Geld hinter den Tapeten versteckt! Im Skorpion werden Erbschaften übernommen, verwaltet und verwandelt – im geistigen und im materiellen Sinne.

Der Aufenthalt in Skorpion ist eine Erneuerungsphase, die Masken fallen, alte Werte werden infrage gestellt, unbrauchbarer Ballast über Bord geworfen. Die Schnur zu Energie raubenden Bindungen wird gekappt: Zur aufreibenden Ehe, zum falschen Guru, zur langweiligen Arbeit, zum überholten gesellschaftlichen Status.

Die Befreiungsprozesse in Skorpion sind seelisch provozierend, oft auch schmerzhaft. Die heiligen Kühe werden geschlachtet, und man weiß, was man hat, jedoch nicht, was man bekommt. Die alte, eingekapselte Entzündung wird mit dem Skalpell entfernt.

♐ Schütze

Das Zeichen Schütze ist der Raum der Freiheit, der Weite und der wilden Natur. Schütze-Zeiten sind Zeiten des Wachstums, der Erweiterung und der Entdeckungsreisen. Der Horizont erweitert sich, die Welt wird aus höherer Warte und aus philosophischer Perspektive betrachtet. Die Wanderung durch das Zeichen Schütze ist eine Phase der Erkenntnis, und das Bild von den Planeten auf Reisen durch den Tierkreis will hier auch wörtlich verstanden sein. Denn der Schütze ist das Land der Ausländer und der weiten Reisen.

Alles kann in Schütze erweitert und verbessert werden, der Entfaltungsrahmen, das Vermögen, die Einstellung und der Einfluss. Recht und Unrecht sind eine Frage des Glaubens und der Überzeugung. Auf dem Weg durch den Schützen begegnen wir deshalb Menschen, die von einem Sendungsbewusstsein und missionarischem Eifer angestachelt sind.

♑ Steinbock

Beim Verlassen des Schütze-Zeichens sind wir wieder an einer Endstation angelangt, am Wendekreis des Steinbocks. Die Zeit ist gekommen, um die Visionen des Schützen zu realisieren – vorausgesetzt, sie lassen sich überhaupt in die Praxis umsetzen. Denn im Steinbock zählen ausschließlich Tragfähigkeit, nackte Tatsachen und trockene Zahlen. In Steinbock werden Entschlusskraft, Zielgerichtetheit und Konsequenz auf die Probe gestellt. Die Jobbeschreibung heißt: auf eigenen Beinen stehen, Selbstständigkeit und Kontrolle erreichen, Fundamente schaffen und standhaft bleiben.

Der Steinbock klettert in unwegsamem Gelände, es ist eine einsame Wanderung, der Weg ist mit Ausdauerprüfungen gepflastert, wobei zugleich oft auch die Verantwortung für Existenz und Familie schwer auf den Schultern lastet. Die Einstellung ist von Disziplin und Notwendigkeit geprägt, das Motto heißt: «Schwierigkeiten sind zum Überwinden da.» Die Tugenden sind Unbestechlichkeit, Zuverlässigkeit und Treue.

♒ Wassermann

Das Land des Wassermanns besteht aus Wissenschaft, Technologie und Netzwerken, zuweilen auch aus Luftschlössern.

Wir befinden uns in den höheren Sphären, wo die Gedanken in Theorien, Methoden und Systemen organisiert werden, wo Überblick, Objektivität und Distanz erstrebenswert sind. In Wassermann lernen wir, uns über die eigene Person hinwegzusetzen und in Kategorien wie Entwicklung, Mitmenschlichkeit und Toleranz zu denken.

Hier sind wir mit Gleichgesinnten zusammen, mit Menschen, die unsere Ziele, Ideale und Interessen teilen: im Golfclub, in der Wohngemeinschaft, in der Partei, auf dem astrologischen Kongress, in Kursen und Seminaren.

Persönliche Unterschiede wie Hintergrund, Rasse, Ausbildung oder gesellschaftlicher Status sind gleichgültig. Es zählt die Gemeinschaft.

Wie in Steinbock ist der Aufenthalt in Wassermann von Verpflichtungen geprägt, von moralischen und zukunftsorientierten Aufgaben. Solidarität ist die tragende Welle, und die Aufgabe heißt Entwicklungshilfe. Wir sind angehalten, unser Wissen weiterzugeben – zugunsten der Gemeinschaft und der Menschheit im weitesten Sinne. Wassermann ist auch das Zeichen der Pädagogik.

♓ Fische

Im Zeichen Fische befinden wir uns in Grenzgebieten, in Grenzgebieten mit fließenden Grenzen. Das Zeichen Fische ist dort, wo Wasser in Bewegung ist: im Regen, im Nebel, im Ozean, in den Flüssen. Hier werden Kontinente und Dimensionen, Nord mit Süd, Ost mit West, Himmel mit Erde, Sichtbares mit Nicht-Sichtbarem verbunden. Zeit und Raum werden aufgelöst, Träume und konkrete Wirklichkeit vermischen sich, das Leben ist ein ewiger Strom, die Intuition der Wegweiser. Das Zeichen Fische vermittelt die Verbindung zum Jenseits, zu Wundern und Mysterien, es durchdringt Kirchen, Ashrams und Hospize.

Doch wie Zwillinge ist auch Fische ein Doppelzeichen, es hat eine spirituelle und eine materielle Seite, denn im Symbol begegnen sich zwei Fische aus verschiedenen Welten. Auch der Geldstrom fließt durch das Zeichen der Fische, der erfolgreiche Geschäftsmann weiß, dass das Geld dort zu finden ist, wo die Träume sind. Mit dieser Erkenntnis arbeiten übrigens auch die Bilder der Werbung. Auch die Kräfte der Börse werden von Glauben und Psychologie gesteuert, sagen diejenigen, die auf dem Währungsmarkt navigieren. Die Kommunikation erfolgt in der Sprache der Symbole, durch Zahlen, Bilder und Ikonen. Fische ist das Zeichen der Synthese.

Nachbarzeichen, Grenzgebiete und Grenzgänger

Die Sonne wird stets von ihren nächsten Nachbarn Merkur und Venus begleitet. Diese beiden Planeten halten sich immer im Sonnenzeichen oder in einem der benachbarten Zeichen auf. Nachbarzeichen sind somit häufig gleichzeitig aktiviert und bilden «Akkorde», Themenkomplexe. Diese Themenkomplexe treten in den Grenzgebieten noch deutlicher in Erscheinung. Das sind Gebiete, die durch so genannte «Grenzgänger» miteinander verbunden sind.

Echte Grenzgänger sind Planeten, die wegen Rückläufigkeit an einer Zeichengrenze stehen bleiben bzw. über eine Zeichengrenze hin und her gehen. Es sind komplizierte, oft auch ungreifbare Figuren. Sie haben immer (mindestens) zwei «Identitäten», zwei Tätigkeitsbereiche, zwei Aufenthaltsorte.

Ich wurde zum ersten Mal bewusst mit einem Grenzgänger konfrontiert, als mich eine Klientin über ihre Beziehung zu einem Kollegen am Arbeitsplatz erzählte: «Er ist sehr aktiv und dynamisch und liebt schnelle Autos.» Mars in Widder war der einzige Planet, der dieser Beschreibung entsprach, so wählte ich sofort Mars als Vertreter des Kollegen. «Und er macht Yogaübungen und malt Bilder», erzählte sie weiter. Ich war baff. Im Horoskop war weit und breit kein Maler oder Yogi zu sehen.

Am Abend zeigte ich Johan das Horoskop, und wir brüteten zusammen weiter darüber und entdeckten, dass Mars rückläufig in Fische zurückgehen würde. Mars war ein Grenzgänger.

Widder + Stier

Dies ist eine autonome und produktive Verbindung. Die betreffenden Menschen sind eher robuster Natur, oft schöpferisch selbstständig, sind vielleicht Inhaber von Fabriken, Schreinereien oder Gärtnereien. Sie lassen sich nichts sagen und arbeiten gerne allein.

Einflüsse aus dem Zeichen Fische ergeben oft eine ausgeprägte Naturverbundenheit und/oder ein künstlerische Komponente, vor allem finden wir hier Maler. Ist das Zeichen Fisch beteiligt, kommen auch Börsianer vor, denn Fische wissen, woher das Geld kommt. Ist das Zeichen Zwillinge aktiviert, sollte man an Handel und Vermarktung denken. (Der Bauer bringt sein Gemüse auf den Markt.) – *Der Produzent, der Fabrikant*

Stier + Zwillinge

Marketing und Vermarktung sind bei dieser Kombination oft die Hauptsache. Produkte werden auf den Markt gebracht, Besitz kommt in andere Hände. Oft kommen um diese Jahreszeit Makler in die Beratung oder Leute, die Häuser kaufen oder verkaufen wollen. Das Grenzgebiet Stier-Zwillinge nennen wir «die Maklerstraße».

Kommt noch das Zeichen Krebs dazu, ist das vorherrschende Thema Familienbetriebe und Familienbesitz und entsprechende Diskussionen unter Geschwistern. Auch der Stammtisch gehört zu diesem Bereich des Tierkreises. – *Der Händler*

Zwillinge + Krebs

Die Familie mit Geschwistern, Vettern und Cousinen sind wichtig, wie auch die nähere Umgebung, die Nachbarschaft und Klassentreffen. Es dreht sich um das Kollektive, um das, «was die Gefühle der Gemeinschaft» bewegt. Oft geht es um die Presse, es kommen Journalisten in die Beratung. Oder es geht um den kollektiven Transport. Bus- und Taxifahrer sowie Brücken gehören in den Grenzbereich zwischen Zwilling und Krebs.

Im Grenzbereich zwischen diesen beiden Zeichen (Wendekreis des Krebses) sind auch Individualisten angesiedelt. Der Übergangsgrad scheint ein «Erinnerungsgrad» zu sein und symbolisiert Entstehung, zwei (Zwillinge) Familien (Krebs) in einem Ei. Zwilling + Krebs + Löwe = Kinderbücher.
– Die Volkshochschule

Krebs + Löwe

Krebs bringt Traditionen mit sich, Löwe bringt Feste und Farben. In unseren Breiten ist dies die Zeit des Urlaubs und der Sommerfeste. Die Schweizer haben ihren Nationalfeiertag, den 1. August, gut gewählt.

Familienthemen sind weiterhin aktuell, jetzt mit Betonung auf dem Bereich Kinder. Unter Einfluss von Wassermann treten typischerweise Sorgerechtsfragen auf.

In die Beratungen kommen oft Künstler, es geht um Popularität, um Solisten und Publikum.

Der Zeichenübergang bringt oft einen Stilwechsel mit sich, Geburten und Abnabelungen, im konkreten wie im übertragenen Sinne. Ein typischer Spruch für Ende Krebs ist: «Ich will hier nicht mehr den Hauswart spielen!» *– Der Clown*

Löwe + Jungfrau

Übung macht den Meister. Jungfrau bringt Korrekturen und Reparaturen mit sich. Es ist dies der Bereich der Kunsthandwerker. Alle Sprachbegabten, und in diesem Sinne auch der Schauspieler, gehören zu Jungfrau-Löwe. Falls noch ein Einfluss von

Krebs besteht, dreht es sich oft um Arbeit mit Kindern, kommt noch Waage oder Wassermann dazu, um Coaching.

Der Grenzübergang wird manchmal als demütigend erlebt, vor allem beim Aszendentenwechsel, denn er führt von der Bühne in die Kulissen. – *Der Schauspieler*

Jungfrau + Waage

Die Kombination Jungfrau-Waage ist serviceorientiert, der Kellner ist einer der Archetypen für diese Verbindung. Gebrauchsanleitungen sind ein typisches Phänomen. Die Arbeitsverteilung ist ein wiederkehrendes Thema. Sollte der Löwe noch im Bild sein, treten Rivalitäten auf.

Jungfrau und Waage mit Skorpion ist ein eher kritischer Cocktail. Es sind alles «du-orientierte» Zeichen, man ist von den Menschen und den gesellschaftlichen Einrichtungen abhängig. Lohnverhandlungen sind hier oft ein Thema. Jungfrau und Skorpion betonen Gesundheit und Heilung. – *Der Kellner*

Waage + Skorpion

Die Machtbalance rückt in den Vordergrund, es wird mit diplomatisch-strategischen Mitteln verhandelt und mit verdeckten Karten gespielt. Man ist in der Defensive. In diesem Bereich herrscht Fremdbestimmung, Themen wie Infiltration und Schein kommen häufig vor. Der Abschnitt zwischen 15° Waage und 15° Skorpion wird in der traditionellen Astrologie nicht ohne Grund «Via Combusta» (= verbrannter Weg) genannt: Auf dieser «Strecke» muss mit Komplikationen gerechnet werden.

Sobald das Zeichen Schütze dazukommt, gehen die Verhandlungen über die vertrauten Grenzen hinaus, das Ausland meldet sich, es kommen die Gesandten, typischerweise die EU-Leute. Rechtsstreitigkeiten stehen im Vordergrund. – *Der Stratege*

Skorpion + Schütze

Bei Skorpion-Schütze geht es um Gesetze, um Passierscheine, Visa und Genehmigungen. Und um Übertretung der Gesetze, geschriebene wie ungeschriebene.

Befreiungsprozesse und das verwegene rechen von Normen sind hier Thema. Hierher gehören einerseits Menschen, die im Krankenwagen durchs Kreuzfeuer fahren, andererseits auch Imperialisten oder eine Erweiterung (Schütze) im Sinne von Übergriffen auf den Besitz anderer (Skorpion). Ein Einfluss durch Steinbock gibt eine politische Komponente.

Dieser Grenzübergang ist dramatisch: «Die Gefangenen entfliehen dem Gefängnis.» – *Der Eroberer*

Schütze + Steinbock

Schütze-Steinbock ist die Unabhängigkeitsverbindung schlechthin. Man lässt sich nichts diktieren, meidet Anstellungen, ist eher Einzelgänger. Prinzipien und Kompromisslosigkeit sind hier die Schlüsselwörter. Die politischen Visionen sind oft ausgeprägt, parteipolitisches Engagement hingegen ist eher selten. Der Beruf ist meist mit Reisen verbunden, der Lebensstil meist unkonventionell, nicht selten kommt es zu Aufenthalten in der Wildnis.

29° Schütze tritt immer wieder als «Endstation» auf (Wendekreis). – *Der Einzelgänger»*

Steinbock + Wassermann

Es kommen weiterhin Einzelgänger in die Beratung, sie sind aber zukunftsorientiert und auf die Allgemeinheit ausgerichtet, Befürworter irgendeiner Ideologie mit Anschluss an eine Gruppe von Gleichgesinnten. Vor zwanzig Jahren drehte es sich um diese Jahreszeit sehr oft um führende Persönlichkeiten der Frauenbewegung. Ist Schütze noch im Bild, ist das Sendungsbewusstsein ausgeprägt, ist das Zeichen Fische dabei, ist das Klosterleben oft ein Thema.

Dieser Grenzraum hat das Thema «Alleine – Zusammen», was möglicherweise damit zu tun hat, dass Venus seit langer Zeit alle acht Jahre in diesem Bereich rückläufig ist. – *Der Chefideologe*

Wassermann + Fische

Diese Verbindung ist durch und durch altruistisch, auch durch und durch schwärmerisch und gutgläubig. Die Einstellung den Mitmenschen gegenüber ist ausgesprochen tolerant, «alle haben Platz», die Aufopferungsbereitschaft ist oft grenzenlos. Avantgardistische Künstlerkreise und spirituelle Bewegungen gehören zu diesem Umfeld. Einflüsse aus den weiteren Nachbarzeichen Steinbock und Widder unterstützen die Verwirklichung von Plänen und Träumen.

Dieser Grenzbereich ist ein «Outsiderraum» und steht häufig mit den «unsichtbaren Welten» in Verbindung. – *Der Idealist*

Fische + Widder

Das ist eine stark subjektiv-emotionale Kombination, oft künstlerisch und originell (vor allem Dichter und Maler), oft aber auch «eigenbrötlerisch», sie lebt in der eigenen inneren Welt, geht von sich selbst aus, ist intensiv im Umgang mit anderen Menschen, nicht selten hemmungslos und grenzüberschreitend. Wenn Fische-Widder sich für einen Menschen – oder eine Sache – einsetzt, dann total. – *Der Träumer*

Die Rolle der Planeten an den Hauptachsen

Die Planeten bewegen sich gegen den Uhrzeigersinn durch den Tierkreis, abgesehen natürlich von den Perioden, in denen sie rückläufig sind. Dagegen bewegen sie sich infolge der täglichen Erdumdrehung im Uhrzeigersinn «rückwärts» durch die Häuser. Sonne, Mond und Planeten steigen über den Aszendenten in das 12. Haus auf, passieren das 11. Haus und kommen nach durchschnittlich sechs Stunden am MC an.

Dieses Phänomen ist bei der Arbeit mit Stunden- oder Konsultationshoroskopen absolut entscheidend!

MC, IC, AC und DC sind die Kardinalpunkte des Horoskops. Das Horoskop ist somit wie ein Kompass, es zeigt die Orientierung im Raum zu einer gegebenen Zeit an einem gegebenen Ort. Das ist übrigens auch gut zu wissen, wenn die Himmelsrichtung für die Frage wichtig ist, zum Beispiel bei Umzügen oder Auswanderungen oder bei Fragen wie «Wo finde ich …?»).

IC, der Norden, zeigt astrologisch gesehen *Verankerung, Wohnung, Voraussetzung, Standort und Ausgangspunkt*, die Tradition sagt «Wiege und Grab», «Anfang und Ende aller Dinge». In den Konsultationshoroskopen findet man am IC den «tieferen Grund» des Problems.

AC, der Osten, der Aszendent, zeigt, «was auftaucht», was in Erscheinung tritt: Hier befinden sich *Einsatz* und *Initiative*, in der Praxis *die eingreifende Person*, die etwas in Gang setzt. In der Stundenastrologie steht der Aszendent für den Frage-

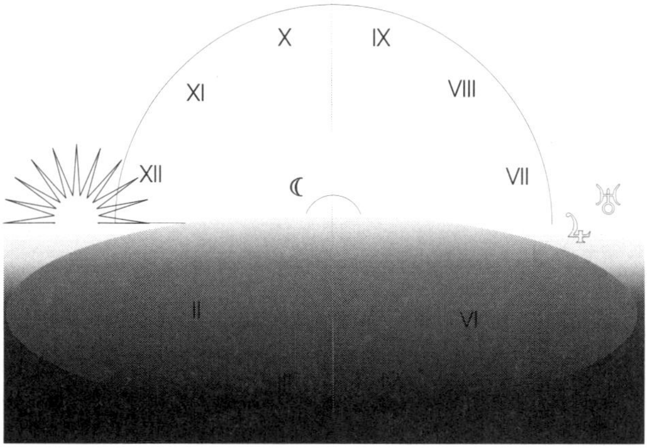

Abb. 5

steller, den Klienten (siehe Kapitel «Der Aszendent und sein Herrscher».)

Am MC, oben im Süden, befindet sich, was erreicht wird oder was erreicht werden soll: die *Zielsetzung*, im Allgemeinen also *die bevorstehende Aufgabe*.

DC, der Westen, der Deszendent, zeigt die *Bewegungsrichtung*, das angepeilte Ziel und das, womit man konfrontiert wird, im Allgemeinen den *Partner oder Gegner, sein Tun und Lassen*. Der DC zeigt, wie man durchkommt. Die Bewegungsrichtung ist auch räumlich zu verstehen: Der Aszendent ist «hier bei mir», der Deszendent «dort, bei den anderen». Die Hauptachsen sind die Spitzen der Eckhäuser 1, 4, 7 und 10.

Planeten an den Hauptachsen

Planeten in den Eckhäusern sind, sofern sie sich im gleichen Zeichen wie die Hauptachse befinden, stark spürbar und relativ «zeitnah», d.h. sie werden in absehbarer Zeit von den

Hauptachsen eingeholt und lösen entscheidende Ereignisse aus. Sehr wichtig sind Planeten, die kurz vor der Hauptachse stehen (Orbis < 6°.) Sie zeigen akut aktuelle Begebenheiten und Prozesse an und beherrschen, ihrem Wesen entsprechend, die momentane Situation.

Merkur kurz vor der Kulmination über dem MC kann somit bedeuten, dass eine Veröffentlichung unmittelbar bevorsteht, Jupiter kann auf eine Beförderung, die Sonne auf eine Auszeichnung, Venus auf eine Eheschließung hinweisen. Saturn an dieser Stelle ist normalerweise unheilvoll, der Betreffende kommt unter Umständen demnächst sogar ins Gefängnis oder in die geschlossene Abteilung. Ein Hauptachsenplanet läuft bei uns unter dem Arbeitsnamen «der Oberst».

Planeten am Deszendenten zeigen meistens eine Kampf- oder Konkurrenzsituation an, es sei denn, sie stehen in harmonischer Beziehung zum Aszendentenherrscher. Ist dies der Fall, kann man mit vorteilhaften Bündnissen rechnen. Steht Saturn im Westen, «im Lager der anderen», können die Vorhaben nicht unmittelbar durchgeführt werden: «Der Laden hat heute zu.» Saturn ist der Planet der Grenzen, Saturn stellt Bedingungen. Mars wiederum steht am Deszendenten «direkt in der Schusslinie».

Im klassischen Stundenhoroskop wird der Astrologe, der in der Beratungssituation dem Ratsuchenden gegenübersteht, durch den Deszendenten vertreten. «Steht Saturn im 7. Haus, muss sich der Astrologe auf die schlechten Nachrichten beschränken», heißt es in der indischen Tradition.

Planeten kurz vor dem IC betreffen die Basis, das Fundament, in der Regel den häuslichen oder geschäftlichen Rahmen, oft einen bevorstehenden Umzug. Am IC bringen die Planeten einen Szenenwechsel: Ein Kapitel wird abgeschlossen, «Wiege und Grab», der Ausgangspunkt wird sich entscheidend im Sinne des jeweiligen Planeten verändern.

Kurz vor den Hauptachsen ist die Zeitenergie immer «akut».

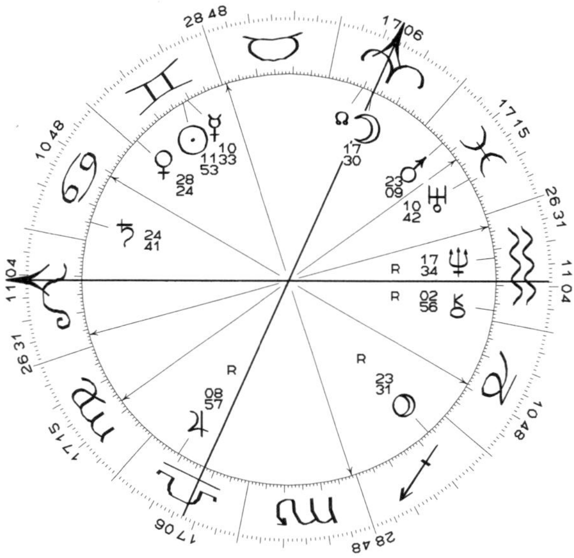

Abb. 6: 2. Juni 2005 AD, 9:30:00

Aufgespießte Planeten

«Aufgespießt» sind Planeten, die exakt am MC oder IC stehen (Orbis knapp 1°). Sie stehen still, sind an ihrem Bestimmungspunkt angelangt und beschreiben einen Zustand, ein fait accompli, eine Bedingung – nicht ein bevorstehendes Ereignis! Wir nennen sie «internalisiert», weil sie intern, vornehmlich im Privatleben und zu Hause ihre «Wirkung» ausüben.

Ein Mann rief an. «Meine Schulden türmen sich, meine Bank macht nicht mehr mit, ich habe bereits nervöse Zuckungen.»

Löwe steht in Konjunktion mit dem Aszendenten, sein Herrscher, die Sonne in enger Konjunktion mit Merkur und im exakten Quadrat zu Uranus, beschreibt ihn präzise als Nervenbündel. Uranus in Fische im 8. Haus bestätigt den Ausnahmezustand («neuer» Planet), die akuten Finanzprobleme (Fische ist das Zeichen des Geldflusses, im 8. Haus liegt das «Geld anderer).

Der Mond in Widder ist «aufgespießt» und zeigt, dass wichtige Informationen in seinen häuslichen und familiären Verhältnissen, in seinem Privatleben, zu finden sind.

Er erzählte mir seine Geschichte: Vor vier Jahren hatte er geheiratet, eine etwas jüngere Frau mit einem inzwischen neunjährigen Sohn. Sie bezogen zusammen eine relativ preisgünstige Wohnung in der Stadt.

Es kam zu Problemen, weil die Frau mit ihrem Exmann, der etwa 40 Kilometer nördlich wohnte, das gemeinsame Sorgerecht hatte und weil das Kind weiterhin dort zur Schule ging. Es gab Drohungen von Seiten des Exmannes, der Rechtsanwalt war, und schließlich drängte die Frau darauf, dass sie in die Nähe des Exmannes umzogen.

Mein Klient mietete daraufhin vor zwei Jahren ein großes, teueres Haus in der Hoffnung, er könne die Hälfte weitervermieten. Er fand aber keinen Untermieter. Ich erfuhr auch, dass seine Frau, die praktisch kein Einkommen hatte, einen Hang zu Luxus hatte. Deshalb die Schulden.

Ich bohrte weiter und fand heraus, dass er zum Pantoffelheld geworden war. Die Frau, das Kind und das Verhältnis zum Exmann bestimmten das Geschehen, aber er war sehr verliebt. Neptun im 7. Haus, dem Partnerhaus, ist «Oberst».

Im April 1999, vor der «großen» Finsternis in Löwe, rief eine mir unbekannte Frau aus Süddeutschland an. Damals waren wegen der bevorstehenden Sonnenfinsternis allerhand Katastrophenprognosen im Umlauf. Sie hatte gehört, dass «die Russen kommen». Deshalb wollte sie jetzt mit ihrem Mann und ihrer Mutter (beide im Rollstuhl) Hals über Kopf in den Süden fliehen. Ihr Problem, sagte sie, sei, dass sie das Geld nicht hätte.

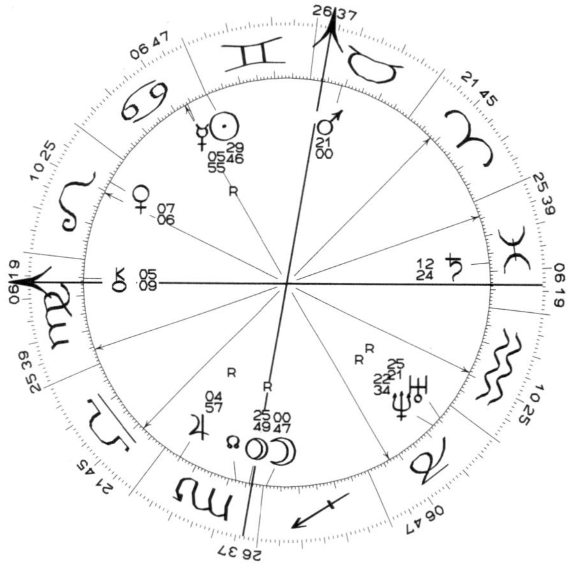

Abb. 7: 21. Juni 1994 AD, 10:50:00

Uranus stand exakt am IC und beschrieb damit ihren grundlegenden Zustand. In ihren Inneren herrschte absoluter Terror! Ich versuchte langsam und leise zu sprechen, um sie zu beruhigen. Und es gelang mir, so meinte ich, ihr zu erklären, dass der Terror bei ihr zu Hause herrschte – mit zwei Tyrannen im Rollstuhl – und dass von außen keine Bedrohung zu erwarten war.

Ende Juli rief sie abermals an. Mit der gleichen Frage, als ob unser «Gespräch» nicht stattgefunden hätte. Uranus stand genau an der gleichen Stelle, am IC aufgespießt!

Als diese Klientin durch die Tür trat, stand Pluto exakt am IC in Skorpion (s. Abb. 7). In der Regel bringen Spannungen mit Pluto dramatische Umwälzungen. Das ist hier nicht der Fall. Pluto ist «aufgespießt» und beschreibt ihre Wohnverhältnisse, ihre Basis, auch den Grund, warum sie in der Praxis erschien. Sie wohnte in Kopenhagen mit Aussicht auf einen dunklen Hinterhof und hässliche alte Wohnblöcke. Auf der Straße gingen Zuhälter und Drogenhändler ihren Geschäften nach, oft roch es dort nach Abfall, *Skorpion ist die Wiederverwertungsstation des Tierkreises.*

Die MC/IC-Achse steht auf 26 ½° am Ende des Zeichens. Das bedeutete, dass sich ihr Standort bald verändern würde. Oft entspricht jeder Grad einem Monat, die fehlenden 3 ½° lassen vermuten, dass im Oktober «etwas» geschieht.

Der Mond zeigt, «was sie braucht», und steht im ersten Grad des Zeichens Schütze im 4. Haus: *Schütze ist der Raum der Freiheit, der Weite und der wilden Natur.* Man könnte versucht sein zu glauben, dass sie auswandern würde. Doch dies hätte ihrer momentanen Situation nicht entsprochen. (Ihr Herrscher, Merkur, zurzeit rückläufig, ist bei der Sonne, ihrer Hauptperson, im Zeichen Krebs. Sie muss sich um ihre alte Mutter kümmern.)

Am 1. Oktober zog sie in die Dachwohnung einer Villa in Klampenborg außerhalb der Hauptstadt. Das Grundstück grenzt an ein großes Naturschutzgebiet mit Tierpark. Sie kann Rehe und Hirsche sehen, wenn sie am Fenster steht.

Pluto in Schütze am IC aufgespießt bezieht sich nicht wie Pluto in Skorpion direkt auf die «Unterwelt». Aufgrund vieler solcher Beispiele würde ich eher den Begriff «Fundamentalismus» benutzen. Diese Menschen sind felsenfest von einer Idee überzeugt, wobei sich später durchaus herausstellen kann, dass die Überzeugung unhaltbar war. Um ein einfaches Beispiel zu nennen: Eine Frau war «hundertprozentig» davon überzeugt, dass sie einen wichtigen Brief eingeworfen hatte. Sie hat ihn jedoch später unter den Papieren auf ihrem Schreibtisch gefunden. Oder: Der Fragesteller ist das Opfer von jemandem, der «überzeugt» ist. Eine Frau ruft mich weinend an, weil ihr Mann sie geschlagen hatte. Später hatte er ihr erklärt, seine Religion gebiete ihm, seine Frau zu schlagen, wenn sie ungehorsam ist! Seine Religion sei der «Grund» (IC) für seine Tat.

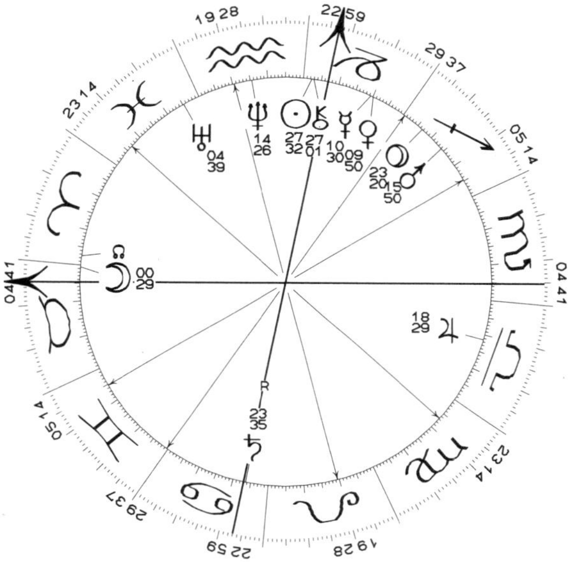

Abb. 8: 17. Januar 2005 AD, 13:02:51

Wir hatten ein Gewitter mit Blitz und Donner. Als ich mich am folgenden Vormittag an den Computer setzte, funktionierte er wie immer. Ich bemerkte nicht, dass er seinen Strom aus der Batterie bezog. Doch sobald die Batterie leer war, zeigte sich, dass die Stromzufuhr nicht funktionierte.

Ich fragte: »Wie schlimm ist es«, und bekam eine entmutigende Antwort. Das Fragehoroskop zeigt Saturn, den Planet der Grenzen und Stoppschilder am IC, »die Wiege und das Grab«, »Anfang und Ende aller Dinge«, »ein Kapitel ist abgeschlossen«. Dies betrifft also hier die Stromversorgung (AC und Mond beide in Stier = Versorgungslinien).

Die Zeitqualität

Vor den Hauptachsen ist die Zeitqualität, wie oben gesagt, «akut». Etwas Entscheidendes wird geschehen – genau jetzt oder in absehbarer Zeit.

Kurz nach Überschreiten einer Hauptachse – in Bezug auf die Sonne in den Phasen nach Sonnenauf- oder Untergang oder nach der Kulmination – ist die Zeitqualität unbestimmt und unberechenbar. Ein entscheidendes Ereignis, ein Kurswechsel, ist eben eingetreten, die weitere Zukunft ist noch unklar.

Typische Situationen nach einer Hauptachse

Sie sind neulich in ein fremdes Land umgezogen, Ihre Siebensachen stehen in Schachteln gestapelt, sind teilweise noch im Container unterwegs, es wird noch dauern, bis der neue Ausgangspunkt in Ordnung ist.

Oder: Sie haben eben den Zug verpasst. Wie ärgerlich! Wann geht der nächste, und können Sie überhaupt noch rechtzeitig zum Vorstellungsgespräch kommen?

Oder: Ich habe mir gestern einen neuen Computer gekauft. Aber funktioniert er? Und wie lange wird es noch dauern, bis ich mit ihm umgehen kann?

Die fallenden Häuser

Nach den Hauptachsen fallen die Planeten in die Häuser 3, 6, 9 und 12. In unserem Unterricht zeigen wir gern und durchaus provokativ immer wieder ein bestimmtes Beispiel, in dem der Herrscher gerade vom MC ins 9. Haus gefallen ist. Und prompt kommt irgendwann der Kommentar von einem Kursteilnehmer: «Ja, aber der Planet kommt in Kürze auf den MC und dann ...»

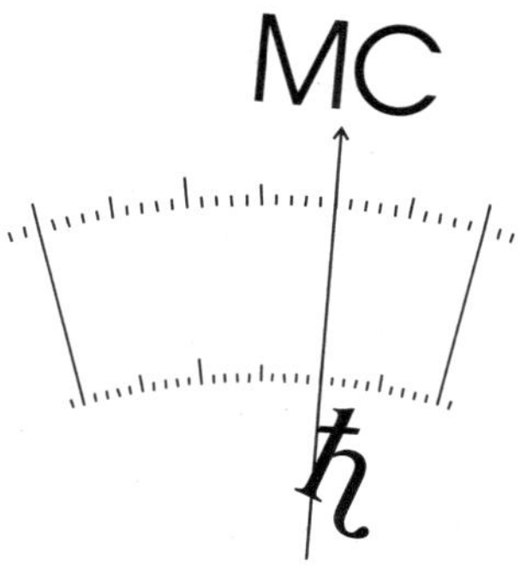

Abb. 9: Saturn fällt vom MC ins 9. Haus

Nein, eben nicht. Gefallene Planeten fallen weiter, sie kommen nicht mehr auf die Hauptachse zurück! Wie schon gesagt: *Die tägliche Bewegung der Planeten im Uhrzeigersinn ist bei der Arbeit mit Stunden- oder Konsultationshoroskopen absolut entscheidend.* Dass der Planet irgendwann später als Transit oder in der progressiven Bewegung die Hauptachse erreicht, ist eine andere Geschichte.

Die Identifikation der Akteure

Die Regeln – und ein paar Ausnahmen

In der Stundenastrologie vertritt der Aszendentenherrscher den Fragenden bzw. den Aspekt der Persönlichkeit, der für die jeweilige Situation zuständig ist.

So kann ich z. B. bei einem Stier-Aszendenten im Stundenhoroskop fragen, wann mein Mann zum Essen kommt, und etwas später, bei einem Zwilling-Aszendenten, ob der Redakteur wohl meinen Artikel annimmt.

Im ersten Fall bin ich vertreten durch die Venus, warte als Ehefrau (oder Geliebte) auf meinen Mann (vielleicht stehen auch frische Blumen auf dem Tisch, vielleicht habe ich ein neues Kleid an). Im zweiten Fall bin ich der Merkur, der mit seinem Schreibzeug die Worte fließen lässt und neugierig ist, ob er «vervielfältigt» wird. Im Prinzip wechselt der Herrscher jedes Mal, wenn wir die Tätigkeit wechseln, denn für jede Aktivität ist eine andere «Gottheit» zuständig.

Bei allen Konsultationshoroskopen sowie bei den meisten Fragehoroskopen ist der Ratsuchende ein Teil einer Gemeinschaft, eines Netzwerkes, das aus anderen Personen besteht. Die anderen Menschen dieser Gemeinschaft werden durch die übrigen Planeten beschrieben und die zwischenmenschlichen Beziehungen durch den gegenseitigen Bezug der Planeten zueinander.

Es gibt in der westlichen Tradition zwei Arten, andere Planeten-«Personen» im Horoskop zu identifizieren. Eine der klassischen Methoden bedient sich der abgeleiteten Häuser.

Ein Beispiel: Das 7. Haus und sein Herrscher beschreiben den Partner/Gegner, das 11. Haus dessen Kinder (das 11. Haus ist das 5. Haus vom 7. aus gezählt), das 5. Haus dessen Freunde etc. Diese Methode ist oft unpraktisch und sogar unzuverlässig: Wird gleichzeitig nach vier verschiedenen Söhnen und Töchtern gefragt, kann man ja nicht viermal den gleichen Planeten «benutzen». In solchen Fällen müsste man eine Sonderregel anwenden, die besagt, dass das 5. Haus dem ersten Kind, das 7. dem zweiten, das 9. dem dritten und das 11. dem vierten entspricht etc. Die Methode wird recht kompliziert, wenn beispielsweise zur Schwester der Großmutter oder zur Freundin des Schwagers eine Frage gestellt wird.

In den meisten Fällen ist es viel einfacher, die gesuchte Person direkt mit einem bestimmten Planeten zu verbinden, d.h. einen *Signifikator* zu finden. Das allerdings erfordert, dass wir die Planeten in ihrem Wesen erfassen und beschreiben können. Es gibt zwar tradierte Faustregeln (der Mond ist ein kleines Kind, der Merkur ein Schüler oder ein Briefträger, die Venus die Freundin oder die Geliebte etc.), aber es ist für die Deutung entscheidend, dass der gewählte Planet auch tatsächlich zur Persönlichkeit und zu den Umständen des Betreffenden passt. Es kann durchaus vorkommen, dass eine jüngere Schwester durch den Saturn vertreten wird, nämlich dann, wenn die Schwester beispielsweise ausgeprägt pflichtbewusst oder vielleicht körperlich behindert ist. Es empfiehlt sich deshalb, Kontrollfragen zu stellen.

Manchmal gehört derselbe Planet zu mehreren Personen: Oft ist eine Arbeitskollegin gleichzeitig eine private Freundin, der Chef gleichzeitig der Vater etc. Die Kulissen mögen wechseln, doch das Spiel der Planetenkräfte bleibt dasselbe.

Umgekehrt kann auch eine einzige Person durch mehrere Planeten vertreten sein. Das ist besonders bei psychologischen

Fragestellungen von Bedeutung, z. B. bei einer intensiven Auseinandersetzung mit der Ehe, wo die Partner auf verschiedenen Gebieten gegenseitige Projektionsträger sind.

Bei diesem Beispiel funktioniert die Methode der abgeleiteten Häuser sehr gut. Hier steht Mars für die Klientin, eine junge Frau, die erst vor kurzer Zeit aus dem Elternhaus ausgezogen ist und zum ersten Mal eine eigene Wohnung bezogen hatte (Widder-Mars ist der «Waldroder», der Pionier). Die Wohnung musste noch renoviert werden. Mars ist rückläufig, er muss sich daher mit der Vergangenheit beschäftigen, bevor er weiter kann. Mars ist «Grenzgänger» und wird in Fische zurückkehren, was auf der konkreten Ebene ein Hinweis darauf ist, dass die Wohnung frisch gestrichen wird, aber auf der seelischen Ebene bedeutet, dass die Tochter unterschwellig weiterhin unter der «Herrschaft» der Mutter steht.

Die Mutter (Herrscher des 4. Hauses) ist Jupiter und steht hier im Exil mit dem Mond im 7. Haus. Die Tochter sehnt sich nach einem Partner – denn der Mond zeigt, was man wünscht oder befürchtet –, hat aber bei der Partnersuche Probleme: Die Mutter ist Jüdin, für sie kommt als Schwiegersohn nur ein Jude in Frage. (So meint die Tochter. Ich weiß aber von der Mutter, dass sie dreimal verheiratet war, jedes Mal mit Nicht-Juden. Der Jupiter hat «keine Würde» in Zwillinge: Er lebt nicht, wie er lehrt).

Das Problem löste sich bald. Drei Monate später begegnete sie einem jungen Juden, sie ist mittlerweile verheiratet und hat zwei Kinder. (Der Mond läuft auf Jupiter zu. Das bedeutet: Der Wunsch geht in Erfüllung.)

Der Vater (Merkur, Herrscher des 10. Hauses) war Gymnasiallehrer. Mit ihm hat die Tochter persönlich viele Probleme (sie sind in Opposition), sie hatte ihn aber trotzdem als Vorbild für ihre berufliche Laufbahn genommen (sie war im Lehrerseminar, er stand in ihrem 10. Haus).

Auch mit der jüngeren Schwester hatte die Klientin Probleme. Die Schwester ist mit Saturn, dem Herrscher des 3.

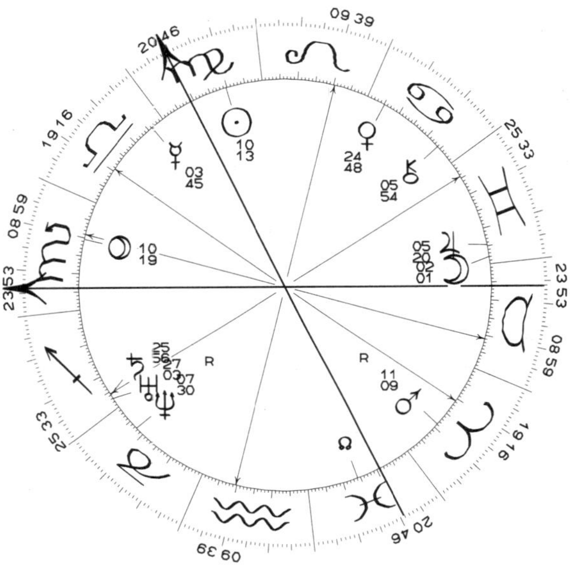

Abb. 10: 2. September 1988 AD, 13:49:00

Hauses (Geschwister), verbunden. Sie ist im Februar (Saturn ging zu diesem Zeitpunkt in Steinbock) zu ihrem Freund (einem Nicht-Juden) gezogen. Im Juni (Saturn ging in Schütze zurück) ist sie nach Schweden ausgewandert, um mit dem Freund eine Pferdezucht aufzubauen (Schütze für Ausland – und für Pferde!). Meine Klientin war empört, dass sich die Schwester über die Spielregeln der Familie hinwegsetzte (Die Trauben sind sauer!).

Die Großmutter ist durch Venus in Krebs vertreten. (Mutter = 4. Haus, 7. Haus = 4. Haus des 4. Hauses, 7. Haus hier in Stier, Venus = Herrscher.) Venus ist eingeschlossen im 8. Haus (eingeschlossene Planeten vertreten «verschlossene» Personen). Die Großmutter ist beleidigt, weil «sowieso niemand mehr ihre Meinung hören will». Venus steht am Ende des Zeichens, bildet keine weiteren Aspekte und geht keine Verbindungen ein. (Die Großmutter blieb bis zu ihrem Lebensende ziemlich verschlossen, wurde später schwer krank und war nicht mehr ansprechbar.)

Die äußeren Planeten

Menschen im Alltag werden durch die alten Planeten vertreten. Uranus, Neptun, Pluto und Chiron haben nach der klassischen Lehre keine feste Zugehörigkeit oder Herrschaft. Sie sind Außenseiter, halten sich nicht an feste Spielregeln, treten nur gelegentlich auf und haben immer mit Ausnahmezuständen zu tun.

Uranus, «neuer» Herrscher von Wassermann, ist nicht imstande, Beziehungen einzugehen, Vereinbarungen einzuhalten, an Prinzipien festzuhalten oder irgendwelche Konsequenzen zu erwägen. Doch Wassermann tritt besonders häufig als langjähriger Ehepartner, alter Freund, solidarischer Kollege oder systemtreuer Parteigenosse auf. Außerdem ist Wassermann selten revolutionär. (Es sei denn in der Theorie. In der Praxis setzt er ungern seine Sicherheit aufs Spiel, denn Wassermann ist ein fixes Zeichen.) Im Gegenteil: Oft hat er eine recht konservative Grundhaltung. Das soll natürlich nicht heißen, dass Wassermann nicht zu originellen Ideen fähig wäre, ungebührendes Benehmen an den Tag zu legen oder überraschend handeln. Er kann, wie alle anderen Zeichen auch, von Uranus heimgesucht werden. Es gibt Menschen, die in einem Dauer-Uranus-Zustand leben – doch diese Menschen sind meistens in der Psychiatrie eingesperrt.

Bei dem obigen Beispiel würde es zu absurden Resultaten führen, mit Pluto als Herrscher von Skorpion zu arbeiten. Die junge Frau spricht über ihr Heim und die Mutter und äußert den Wunsch, eine Familie zu gründen, ein Nest zu bauen. Sie ist keine Spionin, spricht nicht über illegale Geldtransaktionen oder Schmuggelgeschäfte und ist weder paranoid noch zwangsneurotisch. Sie hat Pluto in ihrem eigenen Zeichen im 12. Haus. Er ist ein geheimer Feind, ein Angstmacher, doch sie identifiziert sich nicht mit ihm.

Ebenso absurd wäre es, die Mutter als Neptun aufzufassen. Die Mutter war zwar Kunstmalerin (Fische), doch sie war viel unterwegs, war Kunstfachlehrerin am Gymnasium (hat also zwei Berufe = Jupiter in Zwillinge), war in der Gemeinde sehr aktiv und hatte einen großen Freundeskreis.

Eine Planeten-Person, die in enger Verbindung mit einem der neuen Planeten steht, befindet sich immer gerade in einer extremen Situation, die entweder vorübergehend (bei Umbrüchen im Leben, z.B. Scheidung, Stellenwechsel, einer Emigration oder einem Konkurs) oder dauerhaft (z.B. bei chronischen Erkrankungen oder körperlichen Behinderungen) ist.

Es gibt auch «mittelfristige» Fälle. Man könnte sich z.B. bei einer Venus/Neptun-Konjunktion eine Alkoholikerin vorstellen, die später das Trinken aufgibt und sich stattdessen mit Yoga oder Meditation beschäftigt.

Die äußeren Planeten beherrschen auch bei exakten Aspekten oder bei Nähe zu einer Hauptachse die Szene.

Im 10. Haus (nahe am MC) zeigen sie außergewöhnliche Herausforderungen bei den eigenen Zielen an, im 4. Haus (nahe am IC) ebenso außergewöhnliche Bedingungen in der Lebensbasis.

Besonders am Aszendenten oder Deszendenten werden sie oft direkt durch Personen vertreten. Mit einem der Außenseiter-Planeten am Aszendenten ist der/die Betreffende dabei, auf- oder auszubrechen: Er/Sie erfüllt nicht (mehr) die Normen und Erwartungen, sondern ergreift schockierende Maßnahmen, macht sich unsichtbar oder unerreichbar (bei Neptun).

Am Deszendenten können sie sehr bedrohlich wirken:

Eine schwierige Konstellation an dieser Stelle erfordert ein Maximum an Anpassungsvermögen oder Taktik. Da aber die Außenseiter unbekannte Größen sind, tappt der Fragesteller meistens im Dunkeln. Er weiß nicht, wie er mit den «Terroristen», mit den «Ausgeflippten oder Verrückten» um ihn herum umgehen soll. Er ist im psychologischen Sinne direkt mit seinem Schatten konfrontiert, fühlt sich ohnmächtig, schutzlos und ausgeliefert.

Eine klassische Regel besagt, im Stundenhoroskop entspräche der Astrologe dem 7. Haus, d.h. im 7. Haus können wir erfahren, wie wir selbst als Menschen, als Mitspieler im «Drama» auf unsere Klienten wirken. Uranus, Neptun oder Pluto verkörpern zu müssen, ist dabei jedes Mal eine Provokation. Der Klient bekommt mit Sicherheit nicht, was er erhofft oder erwartet.

Wie stellt man Kontrollfragen?

Das Problem im folgenden Beispiel ist kompliziert. Es drehte sich um ein Gerichtsverfahren wegen des Kaufes eines Landgutes vor vier Jahren. Die Anruferin war die Klägerin, angeklagt waren der Verkäufer und ihre eigene Bank. Sie versuchte, mir die vielen Einzelheiten zu erklären. Ich verstand nichts. Ich versuchte es auch nicht, denn ihr Aszendentenherrscher war Merkur, der eine Opposition zu Neptun hat. Ich musste davon ausgehen, dass sie möglicherweise Informationen zurückhielt.

Ihre – mehr oder weniger – konkrete Frage betraf ihren Anwalt. Ob er ihre Sache gut vertreten würde?

Für den Anwalt hatte ich unmittelbar zwei Planeten zur Auswahl. Venus und Saturn stehen beide im 11. Haus, wo die «Freunde und Gönner» zu finden sind. Ich suchte ihn zuerst bei Venus:

«Sind sie schon lange mit ihm persönlich befreundet?» Venus und Merkur sind nämlich schon lange in enger Konjunktion zusammen unterwegs. Beziehungen in Löwe sind persönlicher Natur.

«Ist er optimistisch, redegewandt, schnell und dynamisch?» Venus steht im Trigon zu Mars in Widder und zu Pluto in Schütze und in Konjunktion mit Merkur.

«Haben Sie den Eindruck, dass er die Sache durch die rosarote Brille betrachtet, den Ernst der Lage verkennt?» Venus ist auch in Opposition zu Neptun.

«Nein, so ist er nicht. Er ist eher vorsichtig, vielleicht etwas ängstlich.»

Dann ist er Saturn im Sextil zu Mond in Jungfrau.

«Mir scheint, er steht kurz vor der Pensionierung.» Saturn steht unmittelbar vor dem Zeichenwechsel. «Er sieht alt und müde aus. Er interessiert sich wahrscheinlich mehr für seine Briefmarkensammlung als für Ihren Fall.»

Die Fragestellerin: «Der ist gar nicht so alt. Mitte Vierzig, schätze ich.»

Meine Antwort: «Schaden wird er Ihnen wohl nicht, aber erwarten Sie keinen weiteren Einsatz seinerseits.»

Sie sagte: «Ich habe bei ihm im Büro auch eine jüngere, dynamische Anwältin gesehen. Vielleicht haben Sie vorhin diese Frau gemeint?»

«Nein» sagte ich, «es sei denn, Sie kennen diese Frau schon persönlich. Aber das scheint ja nicht der Fall zu sein. Zu Venus haben Sie schon lange ein persönliches, freundschaftliches oder kollegiales Verhältnis.»

«Dann ist Venus vielleicht die Redakteurin bei der Zeitschrift ‹Lebensstil und Lebensfreude› (Löwe!). Sie hat früher Artikel von mir veröffentlicht. Ich habe ihr vor kurzem eine Reportage geschickt, habe auch mit ihr telefoniert, sie findet ihn gut, muss aber noch mit ihrem Chef sprechen, der im Urlaub ist.»

Die Venus war jetzt identifiziert. Aber sie gehörte offensichtlich nicht zu dieser Frage, sondern zu einer anderen, noch nicht ausgesprochenen Frage, nämlich, ob ihre Reportage angenommen werden würde (s. Abb. 11).

Inzwischen war mir auch klar, dass sie in akuter Geldnot steckte. Sie hatte ihr Konto überzogen. Eine Freundin, mit der sie zusammen Golf spielt, hatte gesagt, sie könne wahrscheinlich ein privates Darlehen organisieren. Hier kommt eine wei-

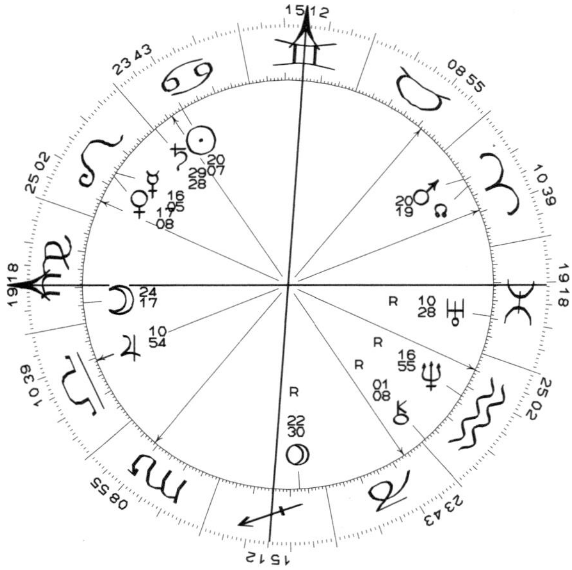

Abb. 11: 12. Juli 2005 AD, 10:50:00

tere Venus ins Spiel und eine weitere unausgesprochene Frage, nämlich, ob die Golffreundin Geld bringen würde. (Golf ist ein teures Hobby und taucht oft in den Beratungen auf, wenn Löwe aktiv ist.)

Wenn ich weiter gebohrt hätte, wären wahrscheinlich noch mehr Personen, die durch die Venus vertreten sind, und noch mehr Fragen zum Vorschein gekommen. Ich hütete mich davor.

Da es hier nur um die Identifikation einer beteiligten Person gehen sollte, gehe ich nicht näher auf das Problem der Klientin ein. Nur so viel sei gesagt: Ihre Aussichten auf Erfolg waren astrologisch gesehen gleich Null.

Ihr Anwalt, Saturn (Pensionierung), teilte wenig später schriftlich mit, dass er sich ab sofort zurückziehe. Er hat sie einfach hängen lassen! An dem Tag traf der rückläufige Merkur auf die Sonne: Merkur wurde verbrannt.

Das Wichtigste bei der Personensuche ist, einfach und konkret zu denken! Wenn von einem Gärtner die Rede ist und Mars in Stier ist, ist die Sache klar. Ein zwielichtiger thailändischer Kellner wäre Merkur in Schütze, eine putzwütige Venus in Jungfrau, ein Richter Jupiter in Waage etc.

In Zweifelsfällen sollte man immer Fragen stellen! Steht ein Planet am Anfang eines Zeichens: «Ist er/sie neu dazugekommen?» Steht Venus auf 4° Schütze: «Ist die Tochter vier Jahre alt?»

Partnerschaften

Wenn etwas über den Partner (privat und/oder beruflich) gefragt wird, kann man getrost ins 7. Haus schauen und die Situation des Partners, wie im obigen Beispiel, durch abgeleitete Häuser beschreiben.

Aber nur, wenn gefragt wird! Der Partner erscheint nur dann im 7. Haus, wenn es eine Auseinandersetzung, einen Konflikt, gibt. Wird zum Beispiel die Frage gestellt: «Werden wir in diesem Jahr auswandern?», sollte man den Aszendenten als Signifikator für das Paar betrachten. Es sei denn, der Partner widersetzt sich dem Vorhaben, denn dann tritt er wieder als Gegner im 7. Haus auf.

Steht der Aszendentenherrscher mit einem anderen, «alten», Planeten in Konjunktion, ist zu vermuten, dass dieser andere Planet den Begleiter, gegebenenfalls den Partner, vertritt. Merkur/Venus-Konjunktionen sind sich erfahrungsgemäß immer einig. Sie sind wie Geschwister oder Schulkameraden. Der Mond in Konjunktion mit dem Herrscher ist harmlos, jedoch abhängig, Jupiter in Konjunktion mit Venus ist auch gut. Alle anderen Konjunktionen mit dem Herrscher müssen kritisch betrachtet werden (siehe Kapitel «Konjunktionen – Anfang und Ende eines Zyklus»).

Alte und neue Planeten

Ein Grundsatz der Stundenastrologie lautet: Die Planeten «sind» Personen und Gegenstände. Das Schicksal des Planeten ist das Schicksal der Person.

In der alten Planetenfamilie haben die Mitglieder unterschiedliche «Jobs» zu erledigen.

Die **Sonne** ist der König oder die Königin, sie ist die jeweils zentrale Person, die Hauptperson: Je nach Situation steht sie für den Vater, die Mutter oder das Kind, den Dirigenten oder den Primus. Die Sonne bringt Ruhm und Auszeichnungen.

Merkur ist der engste Mitarbeiter der Sonne, er kann aber auch einem anderen Planeten unterstellt sein. Merkur ist Lehrling, Schüler, Bote, Wegweiser, er bewegt sich, denkt, schreibt und redet. Merkur ist schlag- und fingerfertig.

Venus sorgt für den gefühlsmäßigen Zusammenhalt, für Frieden und Harmonie, für angenehme und angemessene Umgangsformen. Sie pflegt die Beziehungen, die private und gesellschaftliche Berührungsfläche. Venus hat Sinn für das richtige Timing.

Mars ist der Arbeiter, er geht oft mit Werkzeugen um. Er ist der Verteidiger, aber auch der Angreifer. Traditionell gilt er als Übeltäter. Denn wo etwas geschaffen wird, wird auch immer etwas zerstört.

Jupiter ist der Arbeitgeber, er sorgt für Wachstum und Erweiterung. Er hat eine gute Intuition, ist zur richtigen Zeit am richtigen Ort. Er gilt traditionell als Wohltäter, bringt aber ab und zu «des Guten zu viel».

Saturn ist der «Hüter der Schwelle». Er sagt Nein und Stopp, sorgt für den Erhalt der Strukturen. Saturn vertritt in der Regel eine erfahrene Person, ist oft ein Examensprüfer oder (sturer) Beamter. Er wird von anderen oft als «Lichtlöscher» empfunden und herrscht außerdem über Leben und Tod. Traditionell ist er der Schicksalsplanet.

Die neuen Planeten

Chiron, Uranus, Neptun und Pluto gehören nicht zum «Familienkern».

Die alte Planetenfamilie beschreibt das Gewöhnliche, das Alltagsleben. Die neuen Planeten greifen in diesen Alltag ein, bringen Überraschungen und Herausforderungen mit, führen zu Veränderungen und Ausnahmezuständen.

Jeder der alten Planeten hat zwei Herrschaften, zwei «Heimatorte», wobei er gleichzeitig, während seiner Wanderung durch den Tierkreis, die Interessen beider wahrnimmt, so wie Botschafter in einem fremden Land.

Die drei neuen Planeten Uranus, Neptun und Pluto sowie der Planetoid Chiron, stehen «außerhalb» und haben im Konsultationshoroskop keine aktive Herrschaft über die Zeichen.

Die alten, sichtbaren Planeten sowie Sonne und Mond sind – unabhängig von Kultur und Zeitalter – für das durchschnittliche, allgemeine Menschenleben zuständig. Dieses Leben besteht aus einer unendlichen Reihe von Wiederholungen: Wir essen, schlafen, lieben, gehen auf die Toilette, zur Arbeit und erleben mehr oder weniger erfolgreiche Phasen, was unsere Gesundheit, Beziehungen, Finanzen, Freiheit etc. angeht. Alle diese Phänomene sind weitgehend voraussagbar, da sie zum Menschsein gehören.

Die unsichtbaren neuen Planeten bringen das Unvorhergesehene, ungeplante Umbrüche und Überschreitung der geltenden Normen.

Revolutionäre Erfindungen, die die gesamte Gesellschaft beeinflussen, sind ungewöhnliche Phänomene. Diese Einbrüche in den Alltag, diese einmaligen Ereignisse bringen neue Zeiten und weisen in die Zukunft, für den Einzelnen und/oder für die ganze Welt. Deshalb haben sie keine Herrschaft im herkömmlichen Sinne, denn die Herrschaften beziehen sich auf die zwölf Tierkreiszeichen, die ja den kontinuierlichen Lebenskreislauf des Einzelnen beschreiben.

Man kann die neuen Planeten auch als «mutierende Instanzen» betrachten. Als «force majeure» bringen sie tief greifende Veränderungen, und neue Energieformen treten auf. Wenn die Natur verrückt spielt und Stürme, Überschwemmungen, Feuersbrünste oder Erdbeben über ein Normalmaß hinaus auftreten, dann sind die neuen Planeten am Werk. Was die eine Zeitepoche von der nächsten unterscheidet, ist meistens eine – mehr oder weniger friedliche – Umwälzung, ein Ausnahmezustand. Sobald nach diesem Ausnahmezustand wieder Ruhe eingekehrt ist, ist wieder die alte Planetenfamilie am Ruder.

Der Fernsehapparat war vor 60 Jahren eine Seltenheit, etwas Neues und Modernes, eine Manifestation der neuen Planeten. Der Fernseher gehört heute schon lange zum Alltag und somit zur alten Planetenfamilie.

Die neuen Planeten haben einen Sonderstatus. In der Stundenastrologie wurden sie bald zu den «Übeltätern» gezählt. Später (in der zweiten Hälfte des 20. Jahrhunderts) fokussierten sich die Astrologen auf Lern- und Entwicklungsprozesse, die immer mit Chaos und Umwälzungen verbunden sind, und nannten sie «psychische», «geistige» oder «transpersonale» Planeten.

Diese exotischen Vögel können durchaus als Retter oder Wohltäter auftreten: Im Normalfall dann, wenn sie Sextile oder Trigone bilden. Aber in den meisten Fällen fühlen sich die «alten» Planeten in ihrer Gesellschaft sehr unwohl, aus dem Lot gebracht, provoziert, verwirrt, bedroht.

Uranus tritt immer unerwartet auf, das gehört zu seiner Natur. Einmaligkeit ist sein Kennzeichen. Die unwahrscheinlichsten Dinge geschehen unter günstigen Uranus-Einflüssen. Man hat sich auf einer einsamen Wanderung verlaufen, steht mitten in der Wildnis, ohne Handy, ohne Kompass, glaubt sich verloren. Und dann erscheint am Himmel der rettende Hubschrauber! Uranus kann auch Geistesblitze bringen. Seine Intuition wirkt, indem er ein plötzliches Licht über bereits vorhandenes Wissen wirft. Seine Wirkung ist spezifisch, oft auch schlagartig, sensationell.

An den Hauptachsen ist Uranus, wie auch Mars, ein Querschläger. Bei Spannungsaspekten fühlen sich die Menschen provoziert, tyrannisiert, die Planeten-Personen haben unter seinem Einfluss oft «Ticks» und Auffälligkeiten: bei der Sonne Exzentrizität, bei Merkur typischerweise ruckartige Bewegungen und nervöse Leiden, bei Venus eher Phobien (die Sicherheit ist bedroht).

Ein Einfluss von Neptun führt zu außersinnlichen Wahrnehmungen, zu hellseherisch-medialen Eingebungen. Auf der konkreten Ebene ist seine positive Auswirkung typischerweise in künstlerischen Bereichen zu finden. Dazu gehören auch Ausstellungen und Auftritte in den Medien, im Radio und Fernsehen.

Bei Spannungsaspekten beherrschen (Selbst-)Täuschung oder Verwirrung die Szene. Astrologen, die selbst neptunisch angehaucht sind, sollten versuchen, einen kühlen Kopf zu bewahren, um sich nicht von den Illusionen des Klienten verführen zu lassen.

Für Pluto ist unter günstigen Aspekten die Freisetzung gebundener «Energie», vor allem gebundener Gelder, typisch. Bei Krankheiten wirkt er regenerierend. Bei Spannungsaspekten ist er dagegen meistens so lähmend, dass die Ratsuchenden ihren Pluto-Zustand gar nicht erwähnen. Wo Pluto ist, sind immer heiße Eisen und begrabene Hunde. Der Astrologe muss hier fragen, fragen, fragen, bohren und «dran» bleiben. Die Pluto-Geschichten sind immer uralt, und wenn die Lawine schließlich ins Rollen kommt, nähert man sich allmählich des Pudels Kern.

Bei Chiron fehlen noch die eindeutig positiven Erfahrungen. Was sich durchaus noch ändern kann, denn Erkenntnisse über ihn werden erst seit einigen Jahren gesammelt. Heiler mit Chiron-Aspekten kamen noch keine in die Beratung – aber einige, die einen Heiler gebraucht hätten.

Ausnahmezustände

Bei der Deutung von Konsultationshoroskopen sollten wir als Astrologen immer auf den Überraschungsaspekt der neuen Planeten achten, getreu dem Motto: Erstens kommt es immer anders und zweitens als man denkt.

Relativ häufig steht einer der neuen Planeten im Konsultationshoroskop an den Hauptachsen. Und tatsächlich befinden sich die Menschen ja auch oft in Ausnahmezuständen, wenn sie sich an einen Astrologen wenden. Ein Beispiel:

«Soll ich mich an dieser Firma beteiligen?»

Die Fragende (38) arbeitete in einem «jungen, dynamischen Team» (Unternehmungsberatung), in dem sie die einzige Frau war. Die Firma befand sich im Aufschwung. Sie hätte bei einer Teilhaberschaft Aussicht auf sehr viel Geld gehabt.

Die neuen Planeten stehen im Konsultationshoroskop alle in einem Eckhaus, Uranus nah am Aszendenten. Bedenklich. Uranus am Aszendenten bedeutet «Protest», nicht «Verpflichtung». Aszendent ist zwar im Wachstumszeichen Schütze (was die Frage bestätigt), er ist aber bereits am Ende des Zeichens, was für die Situation doch bedenklich ist.

Jupiter, der Herrscher steht im 5. Haus (Investitionen, Risiken, Experimente) und ist rückläufig, d.h. er «zieht sich zurück». Er ist auch Grenzgänger zwischen Zwillinge und Stier: In Stier warten eigentlich andere Werte. Jupiter steht außerdem im Exil.

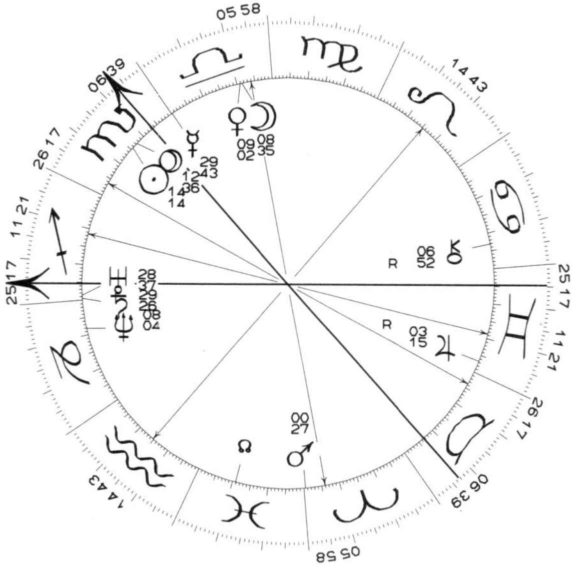

Abb. 12: 6. November1988 AD, 11:24:00

Merkur, der Herrscher über das Partnerschaftshaus (Zwillinge im 7. Haus, es handelt sich um mehrere Partner), der über Jupiter disponiert, verlässt das Partnerschaftszeichen Waage und wird demnächst in das Verwandlungszeichen Skorpion gehen. Auch dies ist kein günstiger Hinweis auf das Vorhaben der Klientin.

Die Mond/Venus-Konjunktion im Quadrat zu Neptun erzählt von einem recht romantischen Traum.

Für den Astrologen gibt es keinen Zweifel: Sie sollte ihre Finger davon weglassen. Aber warum? Das ist schwierig zu sagen, die neuen Planeten bringen Überraschungen – auch für uns. Und ich finde, man schuldet den Klienten eine vernünftige Erklärung. Doch ich hatte keine vernünftige Erklärung parat und empfahl ihr daher, noch ein halbes Jahr zu warten. Die richtige Entscheidung wird sich finden.

Die Fragestellerin war nicht glücklich über die Antwort, beteiligte sich jedoch vorläufig nicht an der Firma.

Einige Monate später begleitete sie ihren Chef auf eine Geschäftsreise. Unterwegs versuchte er, sie ins Bett zu bekommen. (Wir sind hier wahrscheinlich bei der Mond/Venus-Konjunktion im 9. Haus.) Als sie ihn abwies, war er so beleidigt, dass er aus Rache das Gerücht verbreitete, sie hätte schon mit etlichen Angestellten sexuelle Kontakte gepflegt. Die Atmosphäre in der Firma wurde für sie unerträglich. Sie kündigte und wanderte im Sommer darauf nach Australien aus.

Dort gründete sie eine eigene Firma, heiratete und zog später weiter nach Neuseeland. Sie ruft gelegentlich mit irgendeiner Frage an: «Komme nie mehr nach Dänemark zurück.» Wer weiß, Jupiter war schließlich Grenzgänger.

Eine Klientin rief an, sie war völlig außer sich. Sie fühlte sich überfordert, alles war ihr einfach zu viel: die Arbeit, der Exmann, die Verantwortung als Alleinerziehende, die Mutter, die Schwester, die Einsamkeit. Was sagt das Konsultationshoroskop?

Mond/Uranus-Konjunktionen wirken immer erschütternd, vor allem wenn sie applikativ sind. Diese Menschen befinden sich im Schockzustand, haben Angst, sind oft wie paralysiert. Die Sonne und die anderen Planeten scheinen Uranus besser zu verkraften, obwohl er auch hier immer Unruhe mit sich bringt. Dem Mond gefallen solche Herausforderungen nicht.

Merkur in Löwe steht in exakter Opposition zu Neptun. Bestenfalls führt diese Opposition zu kreativer Fantasie und künstlerischen Ausdrucksformen. Meist entsteht aber sehr viel Verwirrung mit Mangel an Überblick. Auch steht Merkur in enger Konjunktion mit Mars (Banditenaspekt! Vgl. Kapitel «Gegnersuche im Konsultationshoroskop», Unterkapitel «Mars als Störfaktor»).

Merkur ist Herrscher über den Aszendenten in Jungfrau. Bei Jungfrau am Aszendenten geht es um Funktionstauglichkeit im

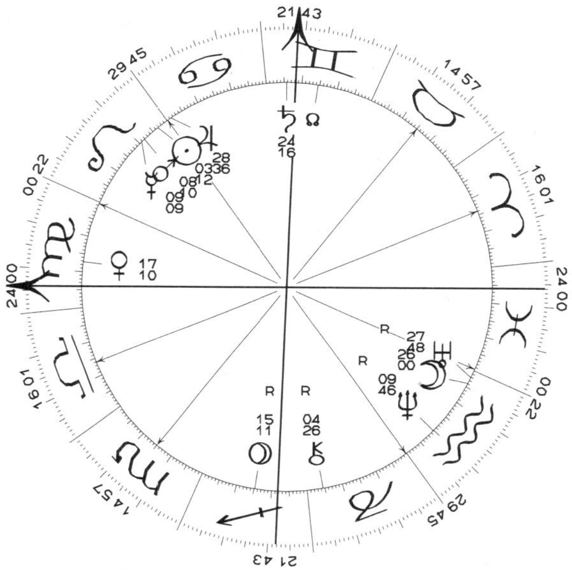

Abb. 13: 26. Juli 2002 AD, 10:18:40

weitesten Sinne, oft um Reparaturen. In diesem Horoskop ist die Klientin selbst «reparaturbedürftig».

Jupiter ist verbrannt, «erschöpft», was hier wichtig ist; da sie im Zeichen Fische geboren ist, ist Jupiter ihr ständiger Begleiter.

Saturn am MC ist der zeitnächste Planet. Diese Konstellation ist meistens unheilvoll, denn «die Falle wird bald zuklappen». Ich befürchte, dass sie demnächst in die geschlossene Abteilung eingewiesen wird, und empfehle ihr, sofort ihren Arzt aufzusuchen, da sie es allein nicht schaffen würde.

Der Arzt schrieb sie krank und kümmerte sich um eine Psychotherapie. Sie war nach ein paar Monaten wieder einigermaßen auf den Beinen.

Diese beiden Horoskope unterscheiden sich in einem wesentlichen Punkt. Im ersten Beispiel sind es vor allem die Hauptachsen, die mit den neuen Planeten in Berührung sind, im zweiten sind es Planeten, hier Mond und Merkur. Im ersten Beispiel wird die weitere Entwicklung primär von Gegebenheiten in der Umwelt (Häusersystem) bestimmt (abgesehen davon, dass die Betreffende mit einem Mond/Venus/Neptun-Aspekt wahrscheinlich ihren Chef auf der Reise unbewusst zu Intimitäten aufgefordert hat). Im zweiten sind der eigene Gemütszustand und das eigene Verhalten maßgebend. Der Lauf der Dinge wird hier durch entsprechende Veränderungen beeinflusst.

Für den Astrologen sind Mond/Uranus-Spannungen, vor allem die Konjunktion, offensichtlich. Die Leute sprechen ihre Angst oder Phobie aus (Uranus scheint oft Phobien auszulösen). Weit schwieriger sind Mond/Pluto-Spannungen. Die Betroffenen sprechen das Problem nicht an. Und wenn der Astrologe nicht aktiv auf die Suche geht, um herauszufinden, wo der Hund begraben liegt, bleibt die Beratung oberflächlich und unbefriedigend.

Eine alte Klientin, die ich seit ein paar Jahren nicht mehr gesehen hatte, rief mich an. Sie ist selbstständige Therapeutin, spezialisiert auf Arbeit mit Kindern, die unter Geburts- und vor allem Gehörschäden leiden. Sie ist alleinstehend. Sie wollte einen Termin vereinbaren.

«Privat läuft seit eineinhalb Jahren nichts, auch in meiner Praxis ist zu wenig los. Zwar bin ich seit einem halben Jahr in einem Projekt namens ‹Hilfsarbeit in Thailand› involviert.[1] Wir warten auf Gelder von der amerikanischen Regierung, aber es tut sich nichts. Ich weiß jetzt nicht, wo ich meine Energien einsetzen soll.

Außerdem habe ich auch eine akute Frage: Mein alter Hund macht es nicht mehr lange. Meine Freunde sagen, ich sollte jetzt endlich zum Tierarzt, aber ich zögere. Mein Hund ist doch mein einziges Familienmitglied. Vielleicht kannst du direkt etwas dazu sagen.»

1 Nach der Tsunami-Katastrophe 2004

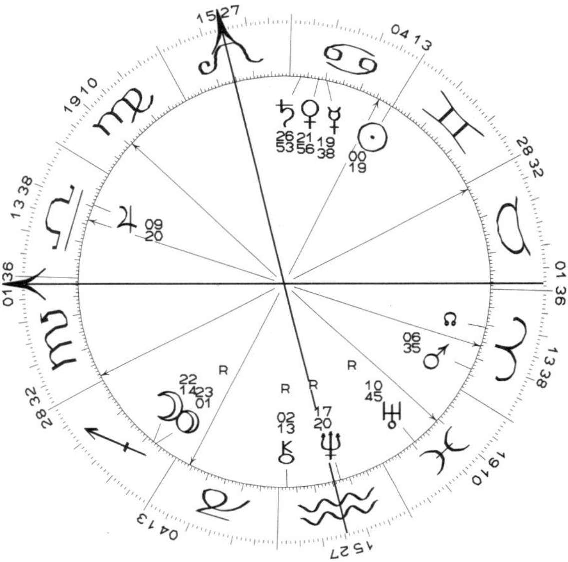

Abb. 14: 21. Juni 2005 AD, 16:23:00

Der Aszendent steht in den ersten Graden in Skorpion: Eine Verwandlung, ein Stirb- und Werdeprozess hat eingesetzt. Sie ist daran, sich von ihrem Hund zu verabschieden. Sie stand also an der Schwelle eines neuen Kapitels. Es war «zu früh», den Tierarzt anzurufen. Die Zeit wird es weisen.

Mond und Pluto stehen in enger Konjunktion, eingeschlossen in Schütze im 2. Haus. Familienmitglieder finden sich im 2. Haus (vgl. Kapitel «Gegnersuche im Konsultationshoroskop», Unterkapitel «Mars als Störfaktor»), ebenso Haustiere. Aber es geht hier nicht nur um ihren Hund, sondern auch um die Freisetzung (Schütze) ihrer großen (Schütze), «eingeschlossenen» Ressourcen (2. Haus). Ich fange mit der Befragung an, überzeugt, dass das tatsächliche Problem bei der Mond/Pluto-Konjunktion liegt.

Ihre formulierte Frage zur Flutkatastrophe ist offensichtlich nicht relevant. Im Horoskop sehen wir zwar die Planeten Merkur, Venus und vor allem Saturn im 9. Haus in Krebs (Wasserzeichen), die durchaus den hilfsbedürftigen Familien im fernen Ausland entsprechen. Doch zu ihnen hat die Ratsuchende keine Verbindung, weder durch ihren Herrscher, Mars, noch durch den Mond. Und außerdem ist ja der Aszendent noch «zu früh». Kurz: Die Hilfsarbeit wird nicht aktuell.

Jedoch zeigt sich bei ihr das Mond/Pluto-Thema als hochaktuell: «Neulich erinnerte ich mich in einer Schock- und Traumatherapie an folgendes Ereignis: Mit 18 ½ Jahren, auf dem Weg zur Abiturprüfung, hatte ich einen Verkehrsunfall. Ich lag tagelang im Koma. Während der Therapie habe ich mich plötzlich an eine Situation erinnert: Ich war während der Bewusstlosigkeit über eine Sonde durch die Nase in die Lungen an einen Respirator angeschlossen. Die Maschine lieferte mir zu wenig Luft. Ich riss die Sonde heraus, ich blutete stark und hatte heftige Schmerzen. Ich hatte mich befreit, die Kapazität der Maschine entsprach nicht meinen Bedürfnissen. Diese Situation entspricht symbolisch meinem heutigen Leben. Die Maschine, meine Umgebung, entspricht nicht meiner Kapazität. Ich brauche einen größeren Entfaltungsrahmen. Nach der Therapie hatte ich Muskelkater in den Lungen, und die Muskeln, die seit dem Unfall lahm gelegt waren, funktionieren wieder. Jetzt fühle ich mich wie ein Pferd, das im Stall eingeschlossen ist.»

Sie erzählte, dass sie als Nächstes ihr Haus ausbauen wolle. «Ich brauche mehr Platz (Schütze im 2. Haus), ein Zimmer für meine Praxis. Ich will meine Patienten nicht mehr im Wohnzimmer empfangen, meine Basis ist unbefriedigend (Neptun am IC).»

Sie schweifte jetzt ab, weg von der Mond/Pluto-Konjunktion. Ich bezweifle nicht, dass es unangenehm ist, die Patienten im Wohnzimmer zu empfangen. Doch so lange sie so wenig Patienten hatte wie derzeit und solange sie nicht wusste, wo «sie ihre Energien einsetzen sollte» und überdies kein Geld hat, wäre ein Umbau eine Scheintätigkeit, also zum Scheitern verurteilt gewesen. Denn auf Neptun am IC in Wassermann kann man nur Luftschlösser bauen. Sie kannte ja ihr wirkliches Potenzial noch nicht. Erst wenn sie ihr eingeschlossenes Pferd befreien würde und in die Welt hinausreiten würde, könnte man weitersehen. Der Aszendent war noch «zu früh».

Der Sonnenstand

Die Stellung der Sonne am Himmel zeigt die Tagesstunde. Im Konsultationshoroskop spielt die Sonne eine bedeutendere Rolle als im klassischen Stundenhoroskop. Die Fragehoroskope betreffen fast ausnahmsweise Erfolg oder Niederlage in Bezug auf aktuelle Probleme oder Aktivitäten. Es geht um konkrete Situationen. Dafür sind primär der Aszendent und sein Herrscher zuständig.

Wenn aber auch persönliche, psychologische Dynamiken diskutiert werden, ist die Sonne unentbehrlich. Die Sonne, das Zentrum unseres Sonnensystems, ist im Horoskop die zentrale, integrierende Instanz. In der Praxis vertritt sie oft die Hauptperson, das Hauptquartier, das zentrale Anliegen, den Brennpunkt.

Merkur befindet sich immer in Sonnennähe, obwohl er hin und wieder auch in der «Nachbarschaft» unterwegs ist. Und wenn Strategien besprochen werden («Was kann man tun und wie?»), ist die Stellung Merkurs das A und O. Er ist ja schließlich der Einzige, der denken kann.

Normalerweise empfangen wir unsere Klienten und Telefonate tagsüber, am späteren Vormittag und im Laufe des Nachmittags. Die Sonne steht dann irgendwo zwischen dem 11. und dem 8. Haus, in den Wintermonaten auch im 7. Die Gesprächsthemen drehen sich durchweg um Zielsetzung und Beruf, Stellung in der Gesellschaft, Partnerschaften, Geschäftsverbindungen, Weiterbildung, steuerliche und juristische Fragen etc.

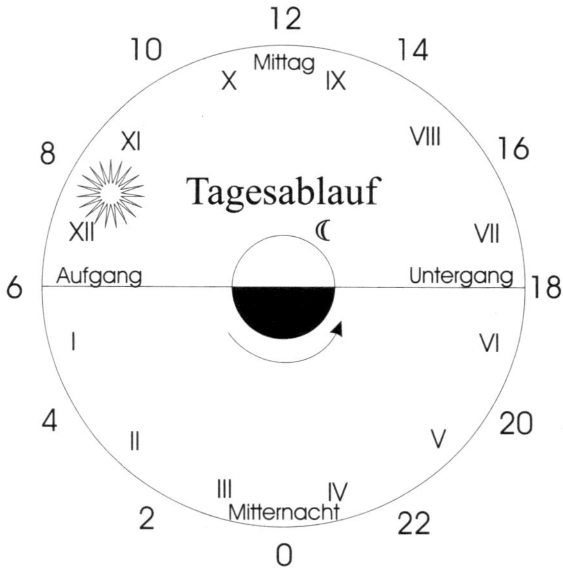

Abb. 15: Der Tagesablauf

Seit der Verbreitung des Internets kommt es häufiger vor, dass wir spätabends unsere E-Mails lesen und Horoskope erstellen. Zu dieser Tageszeit betreffen die Fragen vermehrt Häuslichkeit und Privatleben, Fragen über Kinder, Eltern, Nachbarn und Freizeitbeschäftigung stehen im Vordergrund. Die Sonne, meistens auch Merkur, befinden sich im 6., 5., 4., vielleicht sogar im 3. Haus.

Es kommt auch vor, dass ich frühmorgens die E-Mails lese und beantworte, die Sonne steht dann im 1. oder 12. Haus, die Fragestellungen sind privat, persönlich, individualistisch, existenziell.

Ein Kollege stellte einmal die rhetorische Frage: «Warum kriege ich nur Klienten, die über ihre privaten Beziehungen erzählen, über den Alltagskram, über Streitereien im Alltag, zum Beispiel, wer sich um die Wäsche kümmert und wer das Geschirr spült?»

Man darf vermuten, dass die Antwort in seinem eigenen Leben als ewiger Junggeselle mit kurzen Affären zu suchen ist. Aber Tatsache ist: Er empfängt seine Klienten um den Sonnenuntergang herum, in dem Zeitraum, wenn sich Sonne und Merkur, meistens auch Venus, im 7. oder 6. Haus befinden.

Der Aszendent und sein Herrscher

Wie die Planeten, so befindet sich auch der Aszendent auf einer ständigen Wanderung durch den Tierkreis.

Das Aszendentenzeichen, also das Zeichen, das aufsteigt («auftaucht»), beschreibt die Situation, den vordergründigen Zustand des Fragenden und die Mittel, die ihm unmittelbar zur Verfügung stehen: seine Funktionen und Aktivitäten und die Ausgangsposition in der Auseinandersetzung mit der Umwelt.

Planeten im 1. Haus zeigen weitere «Waffen», die der Fragesteller zur Hand hat.

Der Aszendentenherrscher ist das «ausführende Organ». Seine Position in Zeichen und Haus sowie seine Aspekte zu anderen Planeten beschreiben Vorgehensweise, Temperament und Gemüt sowie die Beziehungen zu anderen Menschen. Es «zählen» bei uns nur die so genannten «alten» Herrscher (siehe Kapitel «Die Identifikation der Akteure, vgl. S. xxx»).

Die Sonne ist der König, die Planeten sind seine Untertanen, Diener und Werkzeuge, wobei der Aszendentenherrscher der Diener ist, der zurzeit im Einsatz ist. In diesem Sinne vertritt er den Fragenden.

Anregungen zu den einzelnen Zeichen, sowohl in Bezug auf die Qualität des Aszendentenzeichens als auch auf die Himmelslichter und die Planeten, findet sich im Kapitel «Der ewige Kalender». Die Formulierungen sind wörtlich zu verstehen. Für «gute oder schlechte Zeiten», für Erfolg oder Misserfolg, sind in erster Linie die Aspekte zum Aszendentenherrscher zuständig. Befindet er sich im Exil oder im Fall, ist er auf gute Beziehungen angewiesen.

Wir diskutieren abends oft die Horoskope des Tages, und es kommt vor, dass wir gleichzeitig Beratungen haben. Ich erinnere mich an zwei identische Horoskope mit Löwe und Mond am Aszendenten. In beiden Fällen handelte es sich um die 13-jährige Tochter, die aus Protest die Mutter verlassen hatte, um beim Vater zu wohnen. Ich erinnere mich auch an zwei andere identische Horoskope. Wassermann war am Aszendenten, in beiden Horoskopen ging es vorrangig um Beziehungen. Johans Klientin war 22 Jahre alt, ihre Wellenlänge zu einigen Freundinnen stimmte nicht mehr. Meine Klientin war 57, sie konnte keinen Zugang zu ihren Schwiegertöchtern finden.

Das Entscheidende ist: Wir müssen als Berater die Problematik astrologisch identifizieren und verstehen, bevor wir dem Klienten Ratschläge geben. Jedes Horoskop ist anders als alle anderen. Es ist ein Zeichen von Souveränität, wenn wir dem Fragenden auf Anhieb erzählen können, warum er sich an uns wendet. Und es schmeichelt vielleicht unserer Eitelkeit, wenn wir einen Volltreffer landen. Aber oft tappen wir (zunächst) mehr oder weniger im Dunkeln. Dann ist wichtig, die richtigen Fragen stellen zu können.

Aszendent Widder (♈)

Der Widder-Aszendent kommt in nördlichen Breiten selten vor. In Kopenhagen steigt er in 42 ½ Minuten auf, in Wien in 59 Minuten. So haben wir recht wenige Beispiele in unseren Karteien gespeichert. Hier aber ein eindeutiges:

Wir unterrichteten jedes Jahr in der Schweiz. Im Sommer 1987 sollten wir nach der Handlesewoche zum ersten Mal auch eine Woche lang Stundenastrologie unterrichten. Im Handlesekurs war ein Arzt, der während des Kurses sagte, er würde eigentlich auch gerne den Astrologiekurs besuchen. Er

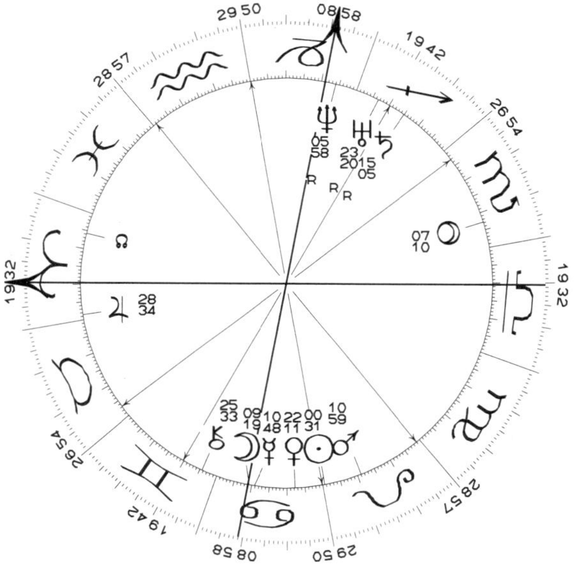

Abb. 16: 23. Juli 1987 AD, 0:03:56

konnte sich aber nicht entscheiden, sagte immer wieder «Nein» und dann wieder «Ja». Schließlich stellten wir spätabends im Hotelzimmer ein Horoskop auf die Frage: «Kommt er in den Kurs?»

Wir, die Fragesteller, befinden uns in diesem Horoskop im Zustand des Widders (AC), in einer Startphase, vor der «Premiere», dem ersten Kurs. Wir haben Jupiter (die Autorität des Lehrers, unsere Begeisterung?) als zusätzliche Waffe. Wir werden vertreten durch den Aszendentenherrscher Mars in Löwe im 5. Haus, d.h. wir wollen uns persönlich profilieren. (Das Horoskop beschreibt uns wahrscheinlich recht treffend. Wir treten als Lehrer tatsächlich immer recht spontan und direkt auf.)

Die Antwort ist «Ja». Als «Hauptperson» (die Sonne) steht unser Arzt zwischen Tür und Angel zögernd auf der Schwelle, er ist «Grenzgänger», jedoch bereits in Löwe, also in dem «Land», wo wir (Mars) uns schon aufhalten. Sehen wir ihn als Freund, wird er durch den «alten» Herrscher des 11. Hauses, den rückläufigen Saturn, vertreten. Mars läuft ins Trigon zu Saturn. Wir und er bewegten uns also aufeinander zu. Er würde zu uns zurückkommen.

Die Rückläufigkeit Saturns ist einer der Hinweise auf die Unschlüssigkeit des Arztes. Ein noch wichtigerer Hinweis ist der Neumond (siehe Kapitel «Konjunktionen – Anfang und Ende eines Zyklus», S. 147)

Andererseits verrät der Mond auch unsere Wünsche und Hoffnungen:

Er steht in Krebs am IC, d.h. wir möchten ihn in «unsere Familie» aufnehmen. Unser Arztfreund ist inspirierend und bei den weiblichen Teilnehmern sehr beliebt. Er war während des Handlesekurses der Mittelpunkt der Gruppe.

Der Widder-Aszendent ist unspezifisch. Er gibt nicht das Thema an, sagt nur, dass es um etwas Neues geht und dass Initiativen ergriffen werden. Es sei denn, Mars ist handlungsunfähig, weil er (wie hier) verbrannt (vgl. «Mars im Fegefeuer») oder belastet ist durch Saturn und die neuen Planeten.

Aszendent Stier (♉)

Dagegen sind die Themen des Stiers, übrigens auch ein Schnellaufsteiger, in der Regel konkret und spezifisch. Es geht um Geld, Besitz und Territorialverhältnisse. Die Themen Versorgung, Absicherung und Abgrenzung stehen im Vordergrund.

Ein Finanzberater hatte einem Paar geholfen, unberechtigte Gebühren in den Bankabrechnungen zu finden. Dabei holte er sehr viel Geld für seine Mandanten heraus und wartete jetzt auf sein eigenes Honorar, das schon lange überfällig war.

Im Konsultationshoroskop steht der Aszendentenherrscher im 5. Haus, im unternehmungslustigen Löwen, und hat ein Tri-

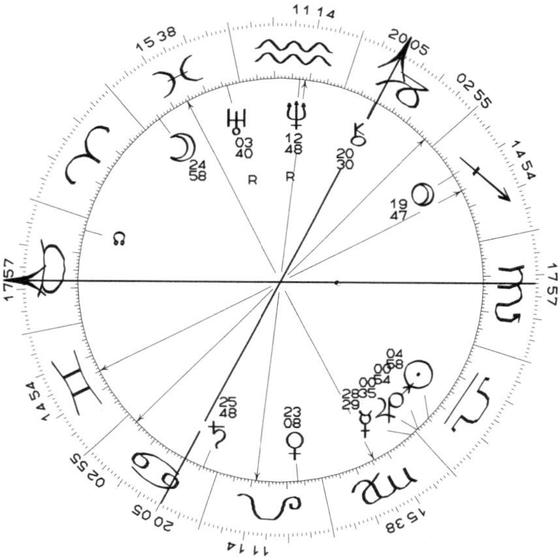

Abb. 17: 27. September 2004 AD, 20:06:00

gon zu Pluto im 8. Haus in Schütze. Das bestätigt, dass er gute, kreative Arbeit geleistet hat.

Schütze in 8 bezieht sich fast immer auf juristische Angelegenheiten, auf Regeln und Gesetze. Pluto ist der «Hüter des Goldes», er hat viel gebundenes Geld freigesetzt. Nur: Das Geld steht nicht etwa *ihm* zur Verfügung, es liegt im 2. Haus seines «Gegners» (siehe Kapitel «Die Identifikation der Akteure», Abschnitt über abgeleitete Häuser).

Seine Gegenspieler, das Ehepaar, das nicht bezahlen wollte oder konnte (der freigesetzte Betrag ist bereits in ihrem Schuldenloch verschwunden), sind durch Skorpion und dessen Herrscher Mars vertreten. Mars steht in Konjunktion mit Jupiter im Partnerschaftszeichen Waage, es handelt sich um zwei Personen, um ein Paar. Mars ist im Exil, beide Planeten sind verbrannt und dazu noch eingeschlossen im 6. Haus, was ihrem 12. Haus entspricht. Bei ihnen ist daher wenig bis nichts zu holen.

Man beachte außerdem den Mond im 12. Haus in Fische: Fische ist das Zeichen des Geldflusses, in dem das Geld oft versickert.

In seinem Buch «Christian Astrology» zeigt William Lilly (er lebte in England im 17. Jahrhundert und gilt als Großmeister der modernen Stundenastrologie) ein Beispiel mit Stier-Aszendent. Er erwartete eine Lieferung Fische aus London, die unterwegs abhanden gekommen war, und befragte das Horoskop, wer der Dieb ist. Es geht hier um Esswaren, um die Versorgung (Stier). Venus, die Herrscherin des Zeichens, die den Fragenden repräsentiert, steht im 12. Haus im Exil im Zeichen Widder. Lilly ist der Bestohlene.

Die Sonne, die «Hauptsache», steht im Zeichen Fische.

Aszendent Zwillinge (♊)

Typisch für Zwillinge ist die Vielseitigkeit. Es gibt immer mehrere, mindestens zwei «Schienen», die Situation ist meistens von Vorläufigkeit geprägt. Ein Student, der gleichzeitig Taxifahrer ist, ist ein Musterbeispiel.

Die MC/IC-Achse steht in diesem Horoskop unmittelbar vor dem Zeichenwechsel. Wir wissen damit zusätzlich, dass Veränderungen in Bezug auf Wohnung und/oder Zielsetzung unmittelbar anstehen. Beides trifft zu. Der Betreffende war am Lehrerseminar in Århus aufgenommen worden, würde somit einerseits eine neue Laufbahn einschlagen, andererseits auch umziehen. Der Herrscher, Merkur, «der Schüler», steht stark, ist Oberst, kurz vor Kulmination in Wassermann, dem Zeichen der Pädagogik.

Im folgenden Beispiel (s. Abb.19) steht Merkur äußerst kritisch. Das Exil in Schütze und die Stellung im 7. Haus beschreiben den Klienten aber perfekt. Er war ursprünglich ungarischer

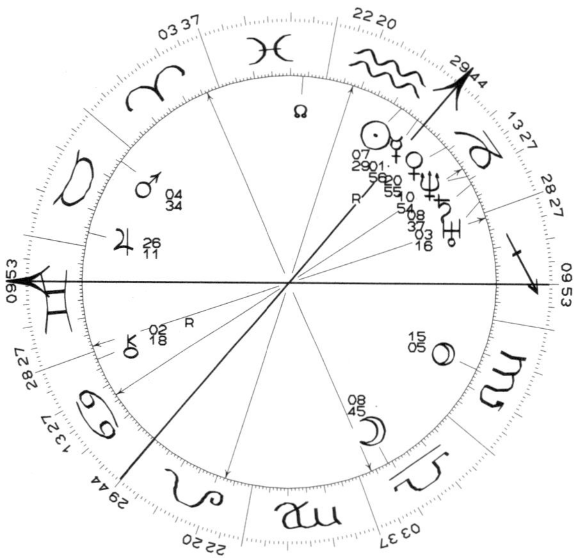

Abb. 18: 27. Januar 1989 AD, 11:50:59

Flüchtling (im Exil), in Deutschland eingebürgert (in einem fremden Land aufgewachsen), zurzeit auf den Kanaren ansässig. Er wohnte auch schon in den Vereinigten Staaten und in Indien – typisch für Merkur in Schütze ist er ein Weltenbummler! Er war Geschäftsmann und machte sich Sorgen um den Familienbetrieb und das Wohlergehen seiner Familie (Mond an der Spitze des 2. Hauses in Krebs in Opposition zu Venus und zu Neptun in Steinbock in 8). Der Bürgermeister hatte ihm mit undurchsichtigen Begründungen teilweise Berufsverbot erteilt, er durfte nicht mehr am Strand Kleider verkaufen. Während es mit Schützen im 8. Haus um die Gesetze geht, geht es in Steinbock um die «Paragraphenmichel», um die Personen, die Gesetze ausführen. Mit Neptun eine dubiose Exekutive. Auf den Kanaren sind die Bürgermeister Regionalfürsten und «Kleinkönige»; sie nehmen oft gern die Interessen der eigenen Familie

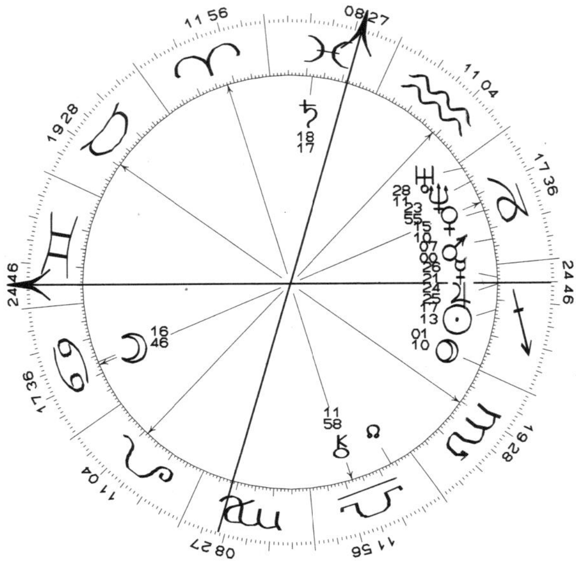

Abb. 19: 9. Dezember 1995 AD, 18:40:00

wahr. Was in diesem Fall wahrscheinlich der Fall war, denn der Schwager des Bürgermeisters hatte einen Laden am Strand.

Warum aber spielt das Doppelzeichen Zwillinge hier eine so wichtige Rolle? Weil der Fragende auch einer Nebenbeschäftigung nachging. Er schrieb an einem Filmmanuskript und wollte es einem der großen amerikanischen Regisseure schicken. Er meinte, er habe eine wichtige Botschaft für die Welt. Schütze ist oft vom Sendungsbewusstsein ergriffen. Aber Merkur ist Schüler, Diener, Administrator oder Experte, jedoch niemals echter Guru.

Er sprach während der Horoskopbesprechung nicht über seine Ehe. Doch seine Frau drängte auf Trennung, und er verließ etwa ein halbes Jahr später die Insel. Astrologisch interessant ist dabei, dass der Herrscher des 1. Hauses (Merkur) sich vom Herrscher des 7. Hauses (Jupiter) entfernt und den

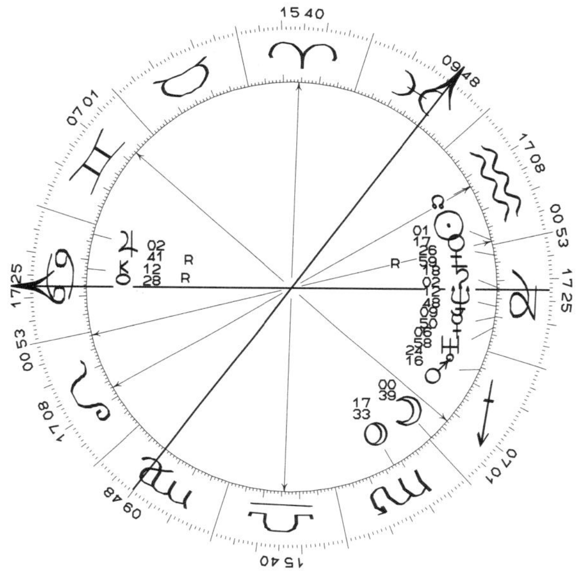

Abb. 20: 21. Januar 1990 AD, 15:03:00

Schützen, die Heimat Jupiters, verlässt. Die Firma übertrug er seiner Frau, diese hat die Firma später verkauft. Das Manuskript wurde, soweit wir wissen, nicht fertiggestellt.

Auch das Zeichen Zwillinge ist unspezifisch. Der Aszendent in Zwillinge besagt nicht, worum es geht, sondern nur dass mehrere Dinge gleichzeitig ablaufen.

Aszendent Krebs (♋)

Die Problemstellungen in Krebs sind wiederum spezifisch. Fast ausnahmslos sind die Themen Familie, Elternschaft und Wohnung. Eine typische Frage ist: «Werde ich dieses Haus kaufen?» Eine alte Freundin rief mit eben dieser Frage an.

Auch dieses Horoskop weist einen «Oberst» auf: Saturn steht

am Deszendenten, was bedeutet, dass «der Laden heute zu hat». Die Antwort ist somit «Nein».

Der Mond, klassischer Herrscher des Krebs, in Schütze und im Sextil zur Sonne in Wassermann, beschreibt die Anruferin gut. Sie ist optimistisch und idealistisch, stellt sich vor, sie würde in diesem Haus rauschgiftsüchtige Mütter und deren Kinder aufnehmen. Auch die Sonne in Wassermann im 8. Haus beschreibt sie gut: Sie hat kein Geld und hofft, der Staat oder gegebenenfalls ihr Vater würde das Haus bezahlen. Sie hat ein angeborenes Talent dafür, andere bezahlen zu lassen. (Sie ist übrigens auch im Zeichen Wassermann geboren.) «Ach, das ist ja nur Geld», sagt sie oft, wenn man ihren idealistischen Plänen gegenüber Bedenken äußert.

Sie hat das Haus trotz des «Neins» mit einer Bürgschaft ihres Vaters gekauft. Es zeigte sich, dass das Fundament unter dem Spannteppich und dem vermoderten Holzboden morsch war. Dem Vater, einem Steuerberater, gelang es schließlich, sie vom Kaufvertrag zu lösen. Die beiden waren mit einem blauen Auge davongekommen.

Ein Mann kam zu uns, der Aszendent im Konsultationshoroskop steht im Zeichen Krebs. Als Privatperson wird er durch den Mond vertreten, der hier mit Venus und Mars in Skorpion an der Spitze des 5. Hauses steht. Da sich in Skorpion die Tabus und Verheimlichungen erkennen lassen und da das 5. Haus das Haus des Fernwehs, der Abenteuer und Experimente ist, konnte es nicht überraschen, dass er gegenwärtig in erotische Affären verstrickt war, und zwar gleich in drei Affären, wie er erzählte. (Es handelt sich ja auch um drei Planeten! Überraschen konnte wohl auch nicht, dass seine Ehe in einer Krise war, denn Chiron ist am Deszendenten.)

Doch mit dem Mond in Skorpion liegen seine Bedürfnisse tiefer. Vor einigen Jahren erzählte ein Kollege, dass die Vorfahren nach einer Regel der indischen Astrologie im 5. Haus zu finden sind. (Wir im Westen sehen unsere eigenen Kinder im

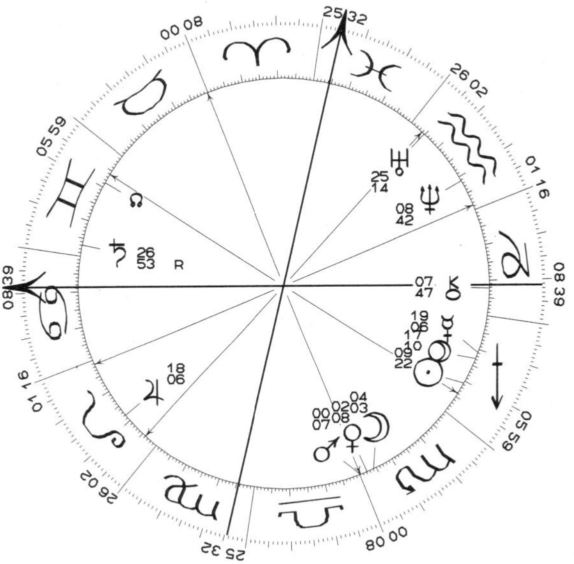

Abb. 21: 1. Dezember 2002 AD, 17:51:42

5. Haus!) Inzwischen haben wir diese Regel mehrmals bestätigt gesehen, jedoch nur, wenn sich Sonne oder Mond in Skorpion im 5. Haus aufhalten. Steht Skorpion im 5. Haus, steht auf unseren Breiten meistens Krebs, das Zeichen der Familie, am Aszendenten. Die Kombination Krebs/Skorpion bezieht sich immer auf die Vergangenheit und die persönliche Geschichte.

«Ja, ich bin um die Welt gereist, bin immer auf der Suche», erzählte der Mann. Er ist dunkelhäutig mit schwarzem, krausem Haar. Im Vorfeld hatte er nur angegeben, dass er hier in der Nähe geboren und in einem stabilen gutbürgerlichen Elternhaus aufgewachsen sei.

«Es gibt ja offensichtlich etwas, was du mir nicht erzählt hast», sagte ich. «Ja, meine Herkunft ist absolut tabu», erwiderte er. «Ich hatte immer ein gutes Verhältnis zu meinem Adoptivvater, er hat mich unterstützt und begleitet. Und irgendwie

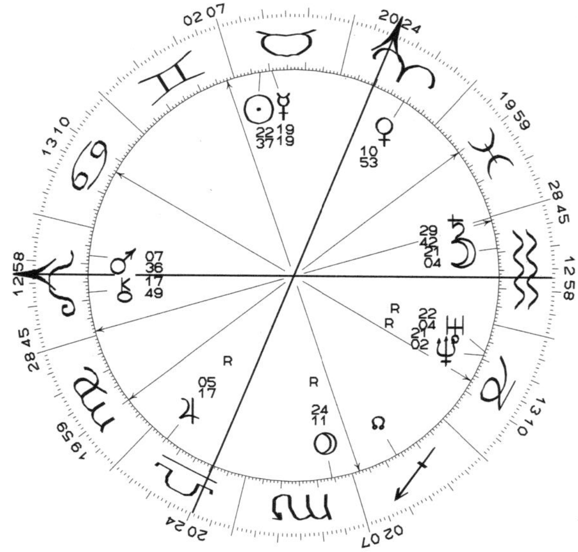

Abb. 22: 13. Mai 1993 AD, 11:01:00

lag es immer in der Luft, dass ich ihn verletzen würde, wenn ich zu meinem biologischen Vater Fragen stellen würde. Ich weiß nur «Afrika», meine Mutter hat nie mehr erzählt, aber ich weiß auch, dass ich sie *jetzt* fragen muss. Ich will wissen, wer er ist und wo er herkommt.»

Die Sonne steht in Konjunktion mit dem absteigenden Mondknoten, «der Vater ist unsichtbar» (siehe Kapitel «Drachenkopf und Drachenschwanz – die Mondknoten»).

Aszendent Löwe (♌)

In Löwe geht es um die Rolle als «König» oder «Königin». «Du bist die Hauptperson in deinem eigenen Leben», so lautet das Leitmotiv. Es geht um die Authentizität, hier sollte man sein Licht nicht unter den Scheffel stellen, sondern dazu stehen, wer man ist und was man will. Damit ist das Zeichen Löwe an sich unspezifisch, die Stellung der Sonne und ihre Aspekte erzählen die Geschichte.

Als Beispiel wählen wir ein Horoskop aus unserem Buch «Merkur, Wesensglieder und Gestalten», da es zugleich die Dynamik der Sonne/Merkur-Konjunktion erläutert.[2]

«Ist die Sonne der Aszendentenherrscher, d. h. der Fragesteller «ist» die Sonne, dann erlebt sie Merkur als Konkurrenten, als jemand, der «eingedrungen» ist, sich «eingenistet hat» und/oder sich in den Hinterhalt gelegt hat. Ist Merkur Herrscher bzw. Fragesteller, fühlt er sich seinerseits verdrängt, übersehen und unsichtbar.

Eine Frau, Inhaberin und Leiterin eines Personalbüros, im Horoskop durch den Aszendentenherrscher Sonne vertreten, hat Probleme mit ihrer Angestellten (Merkur).

Diese Angestellte hat sie in der Weise hintergegangen, dass sie sich hinter ihrem Rücken bei den Kunden als Chefin ausgegeben hat, was zu erheblichen Problemen geführt hat. Merkur ist hier im Zeichen Stier ins Hoheitsgebiet der Sonne eingedrungen, wir sehen hier Merkur, den Doppelgänger. (Während der begleitenden Konjunktion bewegt sich Merkur, von der Erde aus gesehen, hinter der Sonne. Deshalb der Begriff «hinter dem Rücken».)

Sie, die Fragestellerin, ist ein gutes Beispiel dafür, dass die Sonne unter der unmittelbaren Nähe des Merkurs leidet. Hier ist sie eigentlich naiv, nimmt gewisse Dinge, kleine Anzeichen und Informationen (Merkur) einfach nicht wahr. Sie weigert sich zu sehen, was sich um sie herum abspielt. Denn bei der näheren Befragung zeigte sich, dass sie die Angestellte bereits öfter belogen und betrogen hatte.»

Dieses Beispiel ist wichtig. Denn in der klassischen Stundenastrologie gilt allgemein der Grundsatz, dass bei einer Verbrennung der verbrannte Planet zu kurz kommt. Was auch

2 Hjelmborg/Kirsebom «Merkur, Wesensglieder und Gestalten», (Wettswil, 2000), S. 63

stimmt. Doch auch die Sonne gerät bei einer solchen Verbrennung in Schwierigkeiten, ihre «Diener» sind ihr zu nahe gerückt, sie hat den Überblick, die Distanz, nicht mehr.

Aszendent Jungfrau (♍)

Der Jungfrau-Aszendent bringt in der Regel eins von zwei – spezifischen – Themen mit sich. Es geht um Kompetenz und Funktionstauglichkeit, es wird über Arbeit und Existenzbewältigung gesprochen oder über Krankheit und Gesundheit, die ja letztlich auch zur Funktionstauglichkeit gehören. «Es geht um die intelligente und realistische Anpassung an die gegebenen Verhältnisse und Umstände», sagt Johan, wenn die Klienten bei Jungfrau-Aszendent zu ihm kommen. Eines ist klar: Der Jungfrau-Aszendent kann keine Bedingungen stellen (Bedingungen stellt wohl nur Saturn, gegebenenfalls auch Sonne oder Jupiter).

«Sitze ich in einem Monat noch auf diesem Stuhl?»[3] *Diese Frage wurde kurz vor der Parlamentswahl am 19.5.1988 von einem Parlamentsmitglied gestellt. Sie hat keine Chance. Nicht nur wird sie als verbrannter Merkur verdrängt. Darüber hinaus stehen noch sowohl die Sonne als auch der Merkur am Ende des Zeichens, d. h. ein Kapitel geht zu Ende, und im 8. Haus, dem «Schafott» des Horoskops. Und die Mondknoten stehen an der AC/DC-Achse, immer ein Zeichen dafür, dass es «umgekehrt wird», dass die jeweils herrschende Situation «auf den Kopf gestellt wird»* (siehe auch Kapitel «Drachenkopf und Drachenschwanz – die Mondknoten»).

Sie wurde nicht wiedergewählt. Das Interessante dabei ist, dass ihre Partei bei den Wahlen ihre Mandate verdoppelte. Sie wurde lediglich als Folge parteiinterner Rivalitäten «verdrängt».

3 Beispiel aus: Hjelmborg/Kirsebom «Merkur, Wesensglieder und Gestalten», (Wettswil, 2000), S. 59.

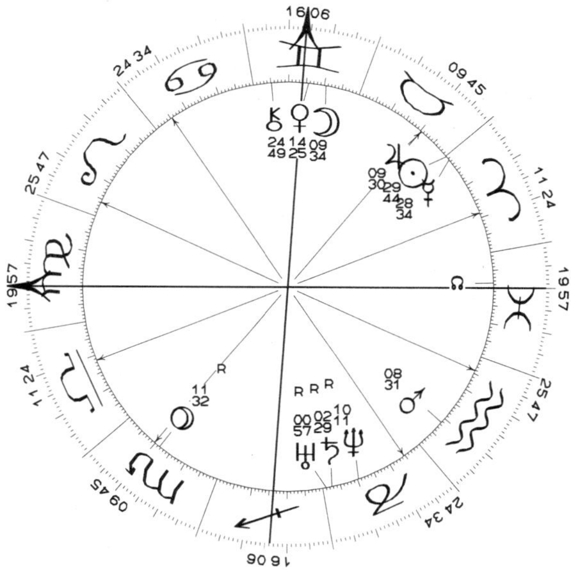

Abb. 23: 19. April 1988 AD, 14:18:00

Wer sie kennt, kann verstehen, dass sie in den eigenen Reihen «persona non grata» ist. Sie sagt als Widder-Merkur überall und laut, was ihr gerade «am Herzen liegt» oder wofür sie gerade «brennt» – auch wenn sie dabei «hinter den Rücken» ihrer Parteigenossen geht.

Bei sehr gut gestelltem Merkur handelt es sich bei einem Aszendent Jungfrau oft um einen Experten oder Spezialisten.

Aszendent Waage (♎)

Bei Waage geht es meistens um Krieg und Frieden. In der Regel herrschen Unfriede und Ungleichgewicht, wenn sich die Menschen bei uns melden. Unsere Strategie besteht dann darin, die bestmöglichen Kompromisse zu finden, sei es in der Ehe, in

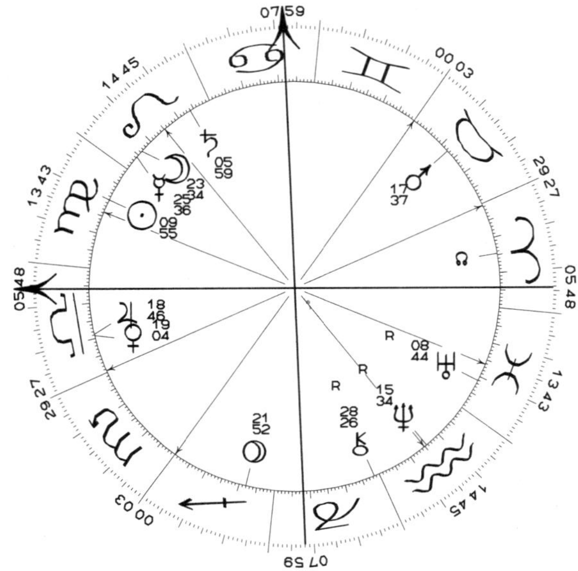

Abb. 23: 2. September 2005 AD, 9:09:00

der Zusammenarbeit oder in einem laufenden Gerichtsprozess. «Verhandlungen» ist das Schlüsselwort.

Als Beispiel habe ich ein aktuelles und für dieses Kapitel relevantes Horoskop gewählt. Ich schreibe jetzt seit Wochen fast täglich an diesem Buch und hatte heute Morgen Lust auf Tapetenwechsel: Mit meinem Mann in die Stadt fahren, meine Schwiegermutter besuchen, beim Friseur vorbeigehen und in den Läden herumschlendern. Ich war aber unschlüssig, hatte Argumente dafür und dagegen in die Waagschalen geworfen, befand mich in einer Waage-Situation. Schließlich bat ich das Horoskop um Entscheidungshilfe. Nicht unerwartet stand Waage am Aszendenten. Venus, ihr Herrscher, steht in ihrer «Heimat» und im 1. Haus, ein eindeutiges Zeichen dafür, dass ich «bei mir» bleibe. Die Konjunktion mit Jupiter würde normalerweise bedeuten, dass ich mit jemand anderem zusammen bin, doch die gradgenaue Konjunktion ist die Ausnahme der Regel. Die Erfahrung zeigt, dass die exakte Konjunktion eine Einheit bildet und somit nur eine, nicht zwei Personen darstellt.

Der Mond auf der Ich-Seite gibt ebenfalls keinen Hinweis dafür, dass ich hinausgehen sollte. Das 11. Haus zeigt zwar «Freunde», doch in diesem Fall müssten die Freunde bei mir zu Hause zu finden sein. Das 11. Haus ist auch das Haus der Zukunftspläne («Ideale»), und da Mond mit Merkur im schöpferischen Löwen steht, meine ich, ich müsste wohl doch am Buch weiterarbeiten. Erst nach einigen Stunden entdecke ich, dass Merkur ganz konkret mein «Freund und Helfer» ist. Denn wie ich schon sagte, das Buch über Merkur hat mir heute bei der Arbeit weitergeholfen.

Ein weiteres gutes Beispiel dafür, dass man in Waage die Qual der Wahl hat, findet sich im Kapitel «Venus kehrt zurück», unter «Integration» sowie im gleichen Kapitel unter «Macht der Gewohnheit» ein Beispiel dafür, dass «Angemessenheit» ein durchgehendes Thema der Waage ist.

Damals, als wir unseren ersten offiziellen Stundenastrologiekurs durchführten (siehe oben), wandte sich eine fremde Frau in der Pause an Johan mit der Frage: «Wie entwickelt sich meine Partnerschaft?» Johan war etwas irritiert, weil sie so aufdringlich war, schaute sich aber das Fragehoroskop an. «Sie fragen wohl eigentlich, wann Ihr Mann stirbt?», fragte er zurück. Sie nickte. «Das wird noch lange dauern», fuhr er fort, «Ihr Mann könnte jeden Tag eine Flasche Whisky trinken und trotzdem total fit bleiben.» «Ja, genau. Das ist das Problem», sagte die Frau.

Wie kam Johan auf die Idee, und warum hatte er den Mut, diese Aussage zu machen? Waage, die Partnerschaft, steht am Aszendenten. Der Mond, im 12. Haus in Konjunktion mit dem absteigenden Mondknoten und im Quadrat zu Neptun, zeigt deutlich den nicht vorhandenen Kontakt zwischen dem Ehepaar. Sie fühlt sich unsichtbar, nicht beachtet. (Wir arbeiten normalerweise nicht mit den Fixsternen, aber hier ist auffällig,

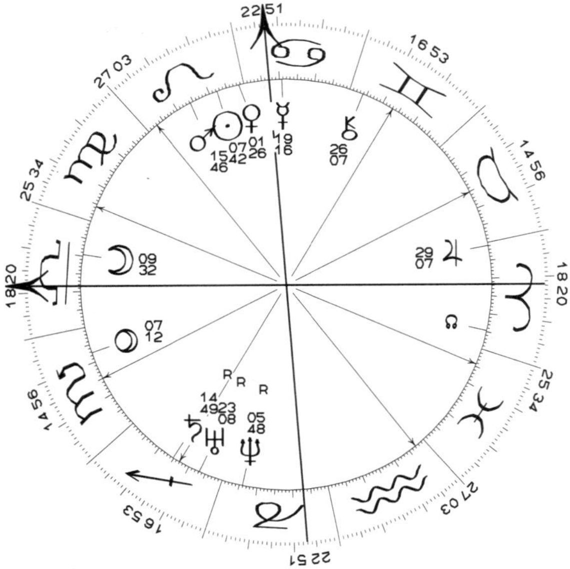

Abb. 24: 31 Juli 1987 AD, 12:30:00

dass der Mond bei Vindimiatrix, dem «Witwenstern», steht.) Venus, ihr Herrscher, ist vor kurzem in Löwe gewechselt, sie möchte jetzt auch zum Zuge kommen – ist aber von der Sonne verbrannt. Sie wird von der Hauptperson überschattet. Der Sonne/Venus-Zyklus befindet sich im abschließenden Stadium, die Sonne/Venus-Konjunktion ist außerdem im Quadrat zu Pluto: Eine Verwandlung steht an.

Mars, der Vertreter des Ehemannes, steht in Löwe im Trigon zu Saturn und Uranus in Schütze. Uranus, seinerseits, ist im Trigon zu Jupiter in Widder, der noch vor der Zeichengrenze rückläufig wird, sodass auch Mars und Jupiter in den Feuerzeichen verbunden werden. Das Feuertrigon ist vital, lebensbejahend und optimistisch, die Energien entfalten sich frei. Feuer neigt zu Übertreibungen, vor allem dann, wenn Jupiter im Spiel ist. Deshalb hat Löwe/Mars den Spitznamen «Whisky-Mars».

Es sei denn, er ist stationär. Dann heißt er Sparflammen-Mars. Den stationären Mars in Stier nannte eine englische Kollegin «quietly stubborn», «diskret starrköpfig».

Aszendent Skorpion (♏)

Der Skorpion-Aszendent ist immer in einer Krise. Skorpion kann jedoch auch eine Phase der Erneuerung bedeuten – allerdings ist nichts gratis in diesem Zeichen.

Gerade jetzt im Spätsommer 2005 – Mars bleibt monatelang in Stier – ist der Skorpion besonders mühsam für die Klienten und für uns Astrologen. Bei einem Skorpion-Aszendent steht der Stier-Mars im 6. oder im 7. Haus. Und genauso sind die Situationen: Die Leute werden von ihren Partnern im Stich gelassen, ihre guten Ideen werden geklaut und von anderen zum Patent angemeldet (die Besitzachse ist dauernd aktiviert), sie sind krank oder zumindest erschöpft. Und wir können ihnen keine Besserung in Aussicht stellen. Zumindest nicht in nächster Zeit. Mars wird noch bis Ende Februar 2006 in Stier hin- und herwandern.

Vor einigen Jahren besuchte mich ein Mann, der jahrelang Aktien- und Devisenhandel betrieben hatte. In den letzten drei Monaten hatte er sehr viel Geld verloren, und so wollte er jetzt wissen, wann es besser gehen würde bzw. was er zu tun hätte.

Skorpion steht am Aszendenten, Pluto war vor kurzer Zeit, vor drei «Zeiteinheiten», am Aszendenten, ein Hinweis darauf, dass eine «Umwälzung», um nicht zu sagen eine «Katastrophe», unserem Gespräch vorausging. Mars, der Aszendentenherrscher, ist kürzlich ins Exilzeichen Waage gegangen und ist von der Sonne verbrannt. Die Sonne wird Mars einholen – es wird also noch schlimmer werden. Außerdem ist Mars im Quadrat zu Uranus, Saturn, Jupiter und Merkur bewegen sich rückläufig auf ihn zu. Mars wird an verschiedenen Fronten angegriffen. Er hat also schlechte Karten. Vor allem die Spannung zwischen

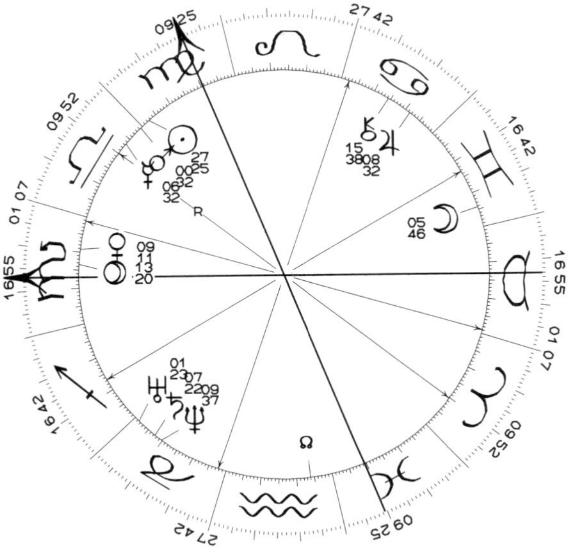

Abb. 25: 20. September 1989 AD, 11:57:00

Merkur und Jupiter zeugt von einem Mangel an Überblick, Unterscheidungsvermögen und Urteilskraft.

Listig schlägt der Mann vor, dass der Effekt doch positiv sein müsste, wenn er jetzt genau das Gegenteil von dem täte, was seine Intuition ihm sagt. Ich sagte, er sollte sein Geld zur Bank bringen. Das tat er «natürlich» nicht. Seine Frau, der ich ein halbes Jahr später begegnete, erzählte: «Kurz nach eurem Gespräch hat er in drei Tagen mehr Geld verloren, als ich als Krankenschwester in drei Jahren verdiene.»

Ein anderes Beispiel: *Merkur war in die Verbrennung gelaufen, eine Bekannte rief an. Sie hat einen Laden.*

«Es brennt», sagte sie. «Die Gerüchte gehen um, die Mutterfirma im Ausland würde verkauft. Ich kann meine Bezugsperson nicht erreichen und bekomme keine weiteren Informatio-

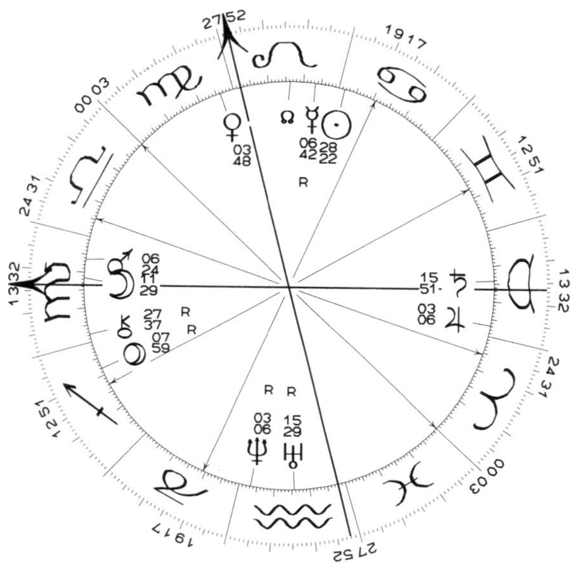

Abb. 26: 21. Juli 1999 AD, 15:27:58

nen. Wird die Firma verkauft, dann könnten die Versorgungslinien zum Problem werden. Bekomme ich weiterhin meine Produkte?»[4]

Die Krisensituation ist hier geradezu Angst erregend und bedrohlich. Mars, der Aszendentenherrscher, wie auch der Mond sind ins 12. Haus gestiegen, «aufs Abstellgleis geraten». Sie hat die Situation nicht mehr im Griff. Saturn, der Neinsager, steht am Deszendenten, «der Laden hat heute zu». Es handelt sich um ihr «Warenlager», um die «Versorgungslinien», um das Zeichen Stier (siehe Kapitel «Der ewige Kalender»).

Die Hauptperson, die Stammfirma im Ausland, Sonne in Krebs im 9. Haus, steht am Ende des Zeichens eindeutig vor

4 Hjelmborg/Kirsebom «Merkur, Wesensglieder und Gestalten», (Wettswil, 2000), S. 74.

einer Veränderung. Merkur nähert sich rückläufig aus dem benachbarten Löwen, aus einem anderen «Land»: Ein «Personalwechsel», eine «Staffelübergabe» wird stattfinden (siehe Kapitel «Der verbrannte Merkur»).

Aszendent Schütze (♐)

In Schütze geht es immer um Erweiterung. Je nach Kombination betrifft es den Besitz, die Wohnung oder das Unternehmen. Es kann auch den Horizont betreffen: Bei Schütze sind die Menschen oft im Begriff, sich weiterzubilden und/oder zu verreisen.

Die Situation: Die Fragestellerin ist Mitte dreißig, mit einem etwas älteren Mann verheiratet. Er ist Spanier und hat in Kopenhagen eine Sprachschule, hat aber auch Sprachreisen im Angebot. Jetzt droht der Konkurs. Seit dem 11. September 2001 hat er praktisch keine Reisen mehr verkaufen können, die Gläubiger sind hinter ihnen her, die Bank weigert sich, weiter Kredit zu geben. Sie fürchten, dass sie ihr Haus verkaufen müssen. Er neigt dazu, mit seiner Frau und den zwei kleinen Töchtern nach Spanien zurückzugehen, denn er glaubt, er könne dort schnell Arbeit finden. Im Moment trägt er frühmorgens Zeitungen aus, um die Familie über Wasser zu halten.

Sie hat jedoch Bedenken, auszuwandern. Sie spricht zwar fließend Spanisch, kennt die Kultur und hätte daher keine Schwierigkeiten, sich einzugliedern. Doch sie hat hier ihre Eltern, die in vielen praktischen Angelegenheiten von ihr abhängig sind, ihr Vater hat Alzheimer, und außerdem hat sie ihr Studium noch nicht abgeschlossen. Sie fragt, wie es aussieht, und hofft auf einen guten Rat.

Wir sehen hier ihren Herrscher im 8. Haus (Regeln und Gesetze) in Krebs. Mars «ist hinter Jupiter her», die Gläubiger wollen ihr Geld, die Familie erwartet ihren Beistand. Das Haus muss möglicherweise verkauft werden. Sie und ihr Mann sitzen

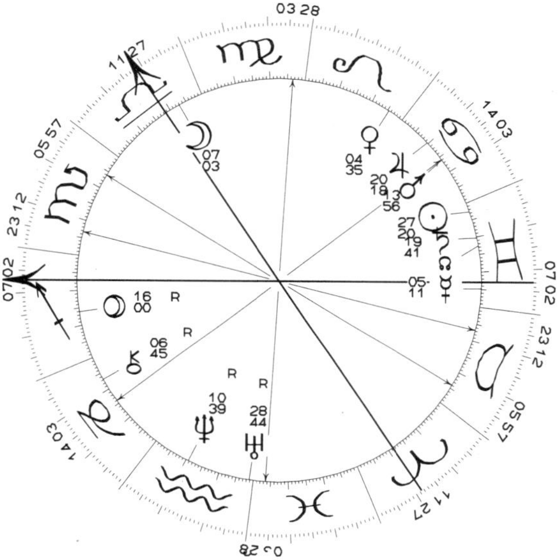

Abb. 27: 18. Juni 2002 AD, 20:05:00

im selben Boot, deshalb sehe ich hier Jupiter als Sprachrohr für sie *und* für ihren Mann.

Es sieht schlimm aus, aber es droht noch keine Katastrophe. Die Hauptachsen stehen nicht am Zeichenwechsel, es gibt keine Planeten unmittelbar vor den Hauptachsen, Mars als Herrscher des 4. Hauses ist zwar in Krebs im Fall, aber erzkonservativ. Es gibt keinen Hinweis auf Umzug und schon gar nicht auf eine Auswanderung. Der Mond steht zwar im 9. Haus, hängt aber außerdem am MC, ein Hinweis darauf, dass man sich neu orientiert, neuen Partnern (Waage) gegenüber offen ist. Der Mond kommt von einem Trigon zu Merkur und geht in ein Trigon zu Neptun, der eingeschlossen im 2. Haus ist.

Ich sage ihr, dass noch nicht alle Möglichkeiten ausgeschöpft sind. Sie haben (Neptun eingeschlossen im 2.) einen noch unsichtbaren Freund. «Ihr müsst euch umsehen (Mond im 9.), es handelt sich ja wahrscheinlich um einen Sachverständigen, jemanden, der sich mit Gesetzen auskennt, einen Anwalt vielleicht.»

Sie hat den Anwalt ihrer Eltern konsultiert. Er sagte, die Grundstückpreise seien in den letzten Jahren rapide gestiegen, und riet ihnen, den dadurch erhöhten Wert ihres Hauses zu beleihen. So sind sie durch den Engpass gekommen, sie wohnen weiterhin in ihrem Haus, die Kunden haben inzwischen den 11. September «vergessen» und gehen wieder auf Reisen. Sie sind nicht ausgewandert (Schütze), dafür hat es eine Verbesserung, eine Expansion (Schütze), gegeben.

In der gleichen Zeit erlebte ich eine Schütze-Kurzgeschichte, die ich einfach erzählen *muss*: Eine Geschäftsfrau hatte sich für billiges Gold aus Afrika begeistern lassen. Ein Goldkurier wurde am folgenden Tag am Schweizer Flughafen Kloten erwartet, «man» sagte ihr, sie sei beauftragt, ihn dort zu empfangen. Das wäre aber für sie mit mehreren Flugstunden und großen Kosten verbunden. Sollte sie reisen oder nicht?

Ihr Aszendentenherrscher, Jupiter, steht mit Venus und dem nördlichen Mondknoten (dem «gierigen Rahu», siehe Kapitel «Drachenkopf und Drachenschwanz – die Mondknoten») an der Spitze des 8. Hauses. Im 8. Haus finden wir niemals Profite. Merkur, hier Herrscher von 7 und Partner, ist auch «Hauptsignifikator» für Boten. Merkur steht im 9. Haus in Löwe, was eigentlich einen Goldkurier im Ausland perfekt beschreibt und damit die Frage bestätigt. Doch das heißt noch lange nicht, dass es so kommen wird. Merkur steht in enger Konjunktion mit der Sonne, er «klebt» an der Sonne, er wird nicht auf Reisen gehen.

Ob die Sonne jetzt wirklich das Gold repräsentiert und er bei seinem Gold hängen bleibt oder ob das Horoskop nur besagt, dass er im heißen Afrika bleibt, werden wir nie erfahren. Tatsache ist: Sie ist trotz der Aussage des Horoskops nach Kloten geflogen, wo der Kurier *nicht* erschienen ist.

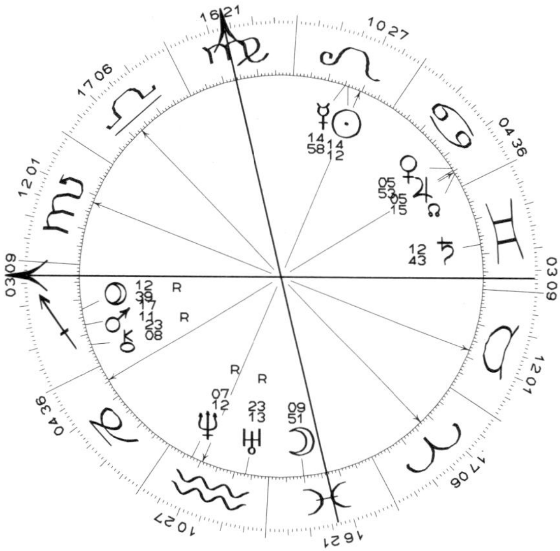

Abb. 28: 6. August 2002 AD, 16:28:31

Aszendent Steinbock (♑)

Beim Steinbock-Aszendenten melden sich die Alleinstehenden und die Selbstständigen oder die, die selbstständig werden wollen.

Die Frau im Horoskop unten will sich scheiden lassen, «selbstständig werden». Sie ist mit dem Besitzer eines großen Unternehmens verheiratet. Eigentlich ist sie die Geschäftsführerin, jedoch zu einem miserablen Lohn. Sie verdient «aus steuertechnischen Gründen», wie ihr Mann sagt, weniger als ein Hilfsarbeiter. So steht sie jetzt ohne jegliche Reserven da, hat überdies aus einer früheren Ehe halbwüchsige Kinder, deren Ausbildung sie finanziert, ist also auch alleinstehende Mutter.

Der Aszendentenherrscher, Saturn, ist rückläufig im 2. Haus. Es wird noch dauern, obwohl sie sagt, dass sie lieber heute als morgen ihren Mann verlassen würde.

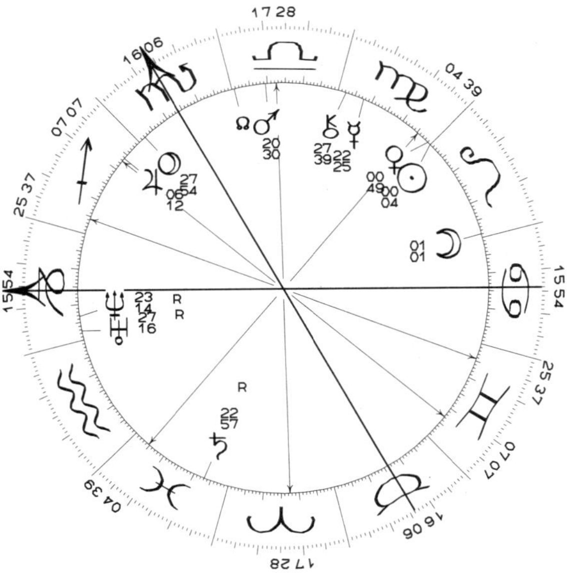

Abb. 29: 23. August 1995 AD, 18:14:00

Es hat Jahre gedauert. Was an diesem Horoskop interessant ist, ist der Herrscher des 7. Hauses. Denn im Gegensatz zu dem Beispiel mit dem spanischen Sprachlehrer, wo sich die Klientin mit ihrem Mann solidarisiert, ist hier der Ehemann eindeutig der «Gegner». Bei Auseinandersetzungen (auch friedlichen) ist der Ehepartner immer im 7. Haus zu suchen. Wir vertreten die Ansicht, dass die Sonne der Herrscher des Zeichens Krebs ist, wenn es um Personenbeschreibung geht. Und dafür, so meine ich, liefert dieses Horoskop einen Beweis. Sie beschreibt ihren Mann als kleinlich und vorsichtig. Er bewegt sich in kleinen Kreisen. Statt zu arbeiten, sitzt er in seinem Büro und löst Kreuzworträtsel. Und er hat eine Geliebte. Das passt perfekt zur Sonne in Jungfrau in Konjunktion mit Venus, nicht wahr? Wäre er Mond in Löwe im Trigon zu Jupiter in Schütze, würde sie einen großzügigen Mann mit großen Armbewegungen be-

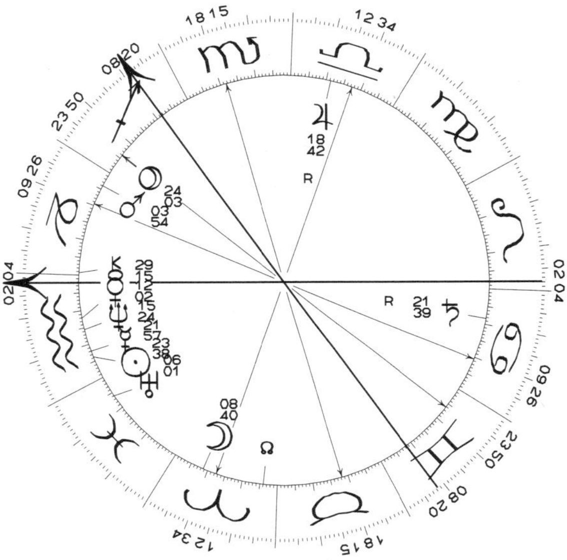

Abb. 30: 12. Februar 2005 AD, 7:16:00

schreiben, jemanden, der gerne auftritt, gerne auf Reisen geht, gerne mit Ausländern oder Erfolgreichen verkehrt. Was hier keineswegs der Fall ist.

Aszendent Wassermann (≈)

Bei Wassermann sind wir wieder bei den Schnellaufsteigern angelangt. Das heißt, auch die Wassermann-Aszendenten sind recht selten. Sicher ist: Hier handelt es sich immer um Beziehungen, um die Zugehörigkeit zu einem Verein, einer Gemeinschaft, um die Solidarität mit einer mehr oder weniger exklusiven Minderheit. Am häufigsten sehe ich ihn in Verbindung mit «Aufklärungsarbeit» und Pädagogik, wobei es sich bei der Pädagogik des Wassermanns meistens um alternative

Schulungen handelt, in den vergangenen Jahren mit zuerst Uranus, dann Neptun in Wassermann vor allem um Schulungen für Behinderte.

Eine Klientin wohnte seit langem in einer billigen Altbauwohnung. Dieses Haus sollte jetzt renoviert werden. Das bedeutete natürlich, dass die Mieten steigen würden. Sie war schon seit der Hippiezeit mit den anderen Mietern befreundet, und es bestand die Möglichkeit, das Haus gemeinsam zu kaufen. Dadurch sollte der neue Mietzins reduziert werden. Meine Klientin fand aber, dass die Wellenlänge zu den andern nicht mehr die richtige war, sie fühlte sich im Alltag nicht mehr wohl und überlegte sich nun, ob sie sich zurückziehen und eine andere Wohnung suchen sollte.

Saturn, der Aszendentenherrscher, rückläufig in Krebs im 6. Haus, beschreibt sie perfekt. Die Anhäufung von Planeten in Wassermann im 1. Haus beschreibt die Gruppe von Leuten in ihrer unmittelbaren Nähe. Es muss da Diskussionen «ohne Ende» geben, Merkur ist verbrannt und in Konjunktion mit Neptun!

Der Aszendent steht am Zeichenanfang, es geht um eine neue Situation, der weitere Verlauf steht noch nicht fest.

Sie hat sich nach langem Ringen dem rückläufigen Saturn entsprechend zurückgezogen und hat mit dem Eintritt Saturns in Löwe eine neue Bleibe gefunden.

Aszendent Fische (♓)

Im Zeichen Fische fließen Welten zusammen. Eine Filmregisseurin kam herein, als Fische im Osten aufstieg. Sie erzählte über ihren neuen Film «Der achte Sinn»: «In meinem Film geht es um unser verborgenes, Grenzen überschreitendes Potenzial. Ich schildere eine Frau, die durch Isolation und Selbstvertiefung aus einem Zustand der Verzweiflung und Angst zu einem Gefühl der positiven Unendlichkeitswahrnehmung gelangt, wo

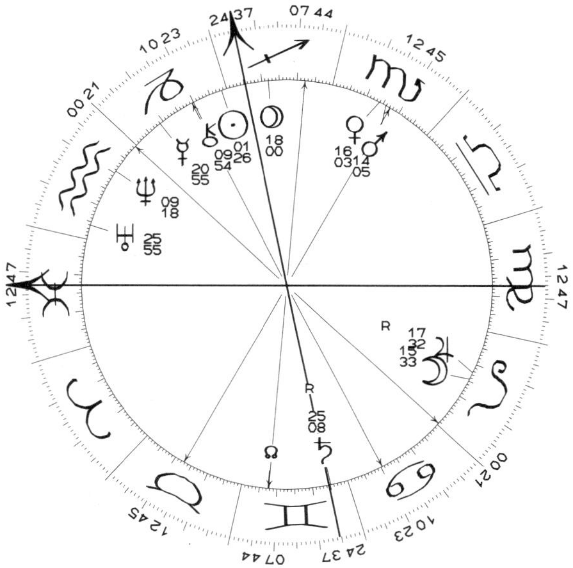

Abb. 31: 23. Dezember 2002 AD, 11:39:00

die Grenzen zwischen Zeit und Raum aufgehoben sind und wo die Energie frei fließen kann.»

Aszendent Fische tritt oft in Übergangsperioden und in Perioden mit mangelnder Orientierung auf (vgl. Beispiele im Kapitel «Stationäre Planeten» und «Drachenkopf und Drachenschwanz – die Mondknoten»).

Nicht selten ist der Tod, der Abschied von der physischen Existenz, das primäre Thema.

Am Tag vor Heiligabend rief eine Bekannte an. Sie wohnte seit mehr als zwanzig Jahren mit ihrem Freund zusammen. Das heißt, eigentlich wohnte er bei ihr, in ihrer Wohnung, sie hatte weitgehend für sein leibliches Wohl gesorgt. Er war in ihrer Gemeinschaft wohl eher für die Unterhaltung zuständig.

Ihr Freund lag zu diesem Zeitpunkt im Krankenhaus, im Endstadium krebskrank, sie saß an seiner Seite. «Ich schäme mich, diese Frage zu stellen. Aber was meint ihr? Kann ich ihn bitten, mich zu heiraten?» Sie hatte erfahren, dass sie eventuell Anrecht auf eine staatliche Witwenrente hätte, da sie bereits so viele Jahre zusammenlebten.

Saturn steht am IC, dem «Anfang und Ende aller Dinge», «die Wiege und das Grab», ein Kapitel ist abgeschlossen. Der Herrscher von 7, Merkur, ihr Partner, befindet sich auf 21° Steinbock, genau an der Stelle, wo er später, während seiner Rückläufigkeit, verbrannt wird.

Der Mond steht unmittelbar vor einer Konjunktion mit ihrem Herrscher, dem rückläufigen Jupiter, in Löwe im 6. Haus (eine bevorstehende Feier am Krankenbett). Da der Mond so nahe bei ihr steht, sehe ich ihn hier auch als Mitvertreter für ihren Freund, ihr Sorgenkind: Die beiden verschmelzen miteinander.

Sie ließ den Pfarrer kommen, sie heirateten am Weihnachtstag, an Silvester ist ihr Mann gestorben.

Der Mond steht außerdem im Quadrat zu den Planeten in 8. in Skorpion. Hier sehen wir, dass sie an die Witwenrente denkt.

Neben Stier und Skorpion ist Fische eines der Geldzeichen. In Stier liegen die Werte und Sicherheiten, in Skorpion sind die Schulden und Guthaben, durch die Fische fließt der Geldstrom (siehe Kapitel «Der ewige Kalender»).

Der Aszendent an der Zeichengrenze

Die klassische Stundenastrologie kennt folgende Deutungseinschränkungen: «Steht der Aszendent in den ersten drei Graden eines Zeichens, ist die Frage zu früh gestellt, steht er in den letzten drei Graden, ist sie zu spät gestellt». Das ist unbefriedigend für den Astrologen und den Fragesteller, denn erfahrungsgemäß werden Fragen sehr häufig «zu früh» oder «zu spät» gestellt.

Alle Fragen werden rechtzeitig gestellt, und der Klient erscheint immer rechtzeitig in der Praxis. «Zu früh» oder «zu spät» gehören zur Situationenbeschreibung des Fragestellers, er befindet sich in einer *einleitenden* bzw. *abschließenden* Phase.

«Zu früh» bedeutet normalerweise, dass der Kurs noch nicht festgelegt ist, dass wichtige Informationen noch fehlen oder dass der Betreffende etwas tun muss, bevor das Erwünschte ins Rollen kommt. Und genau dieser Hinweis ist für den Fragesteller oft entscheidend. Wenn der Aszendent zu früh ist, sind die Leute auf dem Holzweg oder tappen im Dunkeln und brauchen eine Beratung! Wenn die Frage «zu früh» kommt, sollte man keine Prognosen stellen, da sich die Voraussetzungen wahrscheinlich noch ändern werden.

«Zu spät» weist darauf hin, dass «der Zug schon abgefahren ist» oder dass die Lawine rollt und nicht mehr aufzuhalten ist. Kommt jemand, wenn der Aszendent «zu spät» ist und will über die Zukunft der neuen Liebe sprechen, sollten die Alarmglocken läuten. Das Horoskop weigert sich, über Neues zu sprechen! Wahrscheinlich wäre in diesem Fall die relevante

Frage: «Wie kann ich meine bestehende Beziehung beenden?» Wird hingegen gefragt: «Wann kann ich umziehen?», sollte man das Horoskop näher untersuchen, denn «zu spät» bedeutet ja, dass in absehbarer Zeit auf jeden Fall ein Wechsel eintritt.

Und: Die Erfahrung zeigt, dass es bereits ab 26 Grad «zu spät» ist. Grundsätzlich sollte man immer den Aszendentengrad beachten, er entspricht immer dem Stadium.

Die Grenzgebiete zwischen zwei Zeichen beschreiben immer Übergangsphasen. Und jede Übergangsphase hat ihre spezifische Qualität (siehe Kapitel «Nachbarzeichen, Grenzgebiete und Grenzgänger»).

Wenn die Frage zu spät kommt

Als dieser Klient zu uns kam, stand der Aszendent zwischen 26 Grad und 27 Grad Stier. Er war von Beruf Koch, hatte eine Zeit lang mit seiner Frau zusammen ein Hotel geführt. Jetzt waren sie dabei, dieses Hotel zu verkaufen (wir befinden uns hier in der «Maklerstraße», Ende Stier, Anfang Zwillinge, vgl. Kapitel «Nachbarzeichen, Grenzgebiete und Grenzgänger»).

Er sah sich nach einer neuen Tätigkeit um und hatte daran gedacht, Wein zu verkaufen, was gut zu seiner Leidenschaft, dem Wein, passen würde. Sein Aszendentenherrscher Venus steht zusammen mit dem Mond im spirituellen Zeichen Fische. Eine andere Möglichkeit wäre, an einer Volkshochschule Kochen zu unterrichten. Das würde gut zum kommenden Herrscher Merkur in Wassermann (Pädagogik) passen.

Aber diese Entscheidung schien ihm im Moment gar nicht so besonders wichtig zu sein. Zuerst musste das Hotel verkauft sein.

Und womöglich würden zuvor noch andere Dinge auf ihn zukommen, denn Venus und Mars sind im Quadrat. Tatsächlich stand es um die Harmonie in der Ehe nicht allzu gut, wie er erzählte. Ich vermute, dass er seine Frau als Reibeisen sieht,

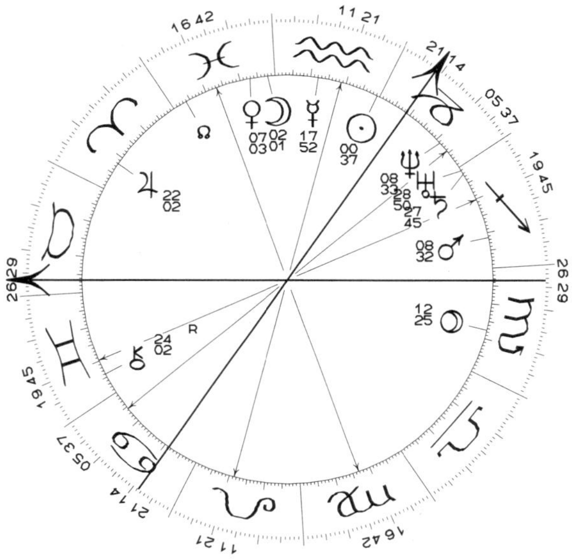

Abb. 32: 21. Januar 1998 AD, 11:42:00

ich habe sie später gesehen: eine sportliche Frau im Marschtempo mit herausragendem Kinn und großer Nase. Sie ist im Horoskop durch Mars in Schütze vertreten, ist also vom Typ her sehr aktiv. Er, Venus mit Mond in Fische, hat ein rundliches, weiches Gesicht. In seiner Freizeit malt er gerne Bilder und hört Musik, er ist ein Genießertyp. Gegenwärtig sind die beiden in Therapie. «Ein aufschlussreicher und interessanter Prozess», meint er.

Die Frau am Telefon gehörte jahrelang zu meinen Sorgenkindern. Sie war immer kränklich, hatte Asthma und Allergien, in ihren Beziehungen zu anderen Menschen gab es immer Probleme, insbesondere mit Nachbarn und Vermietern. Ich erinnere mich vor allem an ihre vielen Umzüge. Mit ihren Wohnungen war sie nie zufrieden: Feuchtigkeit in den Wänden, Lärm von

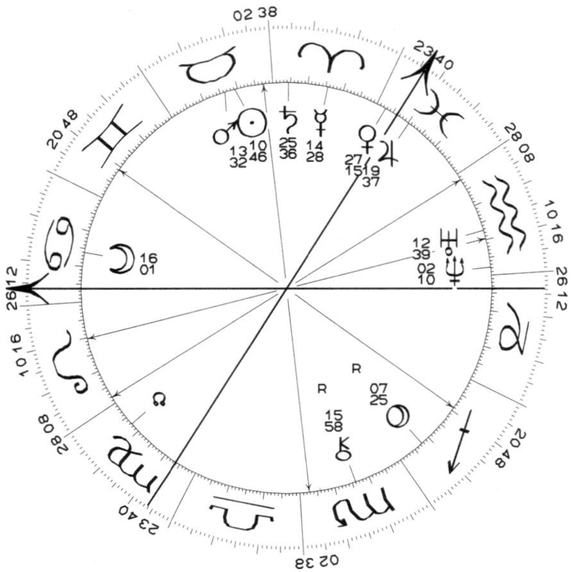

Abb. 33: 1. Mai 1998 AD, 10:11:01

der Straße usw. Hier fragte sie abermals, wann sie umziehen könne.

Der Aszendent steht am Ende des Zeichens Krebs, was ihre Frage bestätigt. Merkwürdig ist der Mond im 12. Haus, ebenfalls in Krebs. Diese Konstellation tritt häufig dann auf, wenn sich die Menschen zurückziehen, ins Kloster, ins Refugium, zumindest aber in ein leeres Sommerhaus im Winter, um ihre Ruhe zu haben, um zu meditieren oder zu malen. Mein Problem war: Ich sah nicht, wie sie mit dieser Mondstellung eine neue Bleibe finden sollte, die Antennen waren ja nicht nach außen, sondern nach innen gerichtet. Dass der Mond bereits im Trigon zu Jupiter war, fand ich prima, konnte aber damit nichts anfangen, obwohl ich zu ahnen begann, worum es vielleicht wirklich ging.

Venus, als «Oberst», lässt zwar im Prinzip eine positive Entwicklung vermuten – aber welche?

Ich sagte ihr, dass ich ihr keine Antwort geben könne, und sagte nur, dass sich das Problem im Laufe des Sommers irgendwie von allein lösen würde.

Zwei Monate später wurde sie ins Krankenhaus eingeliefert und starb wenige Wochen später an Krebs.

«Der Zeichenübergang zwischen Krebs und Löwe bringt oft einen Stilwechsel, Geburten und Abnabelungen, im konkreten wie im übertragenen Sinne.» Und: Das Zeichen Fische ist das Medium zwischen verschiedenen Dimensionen der Existenz (siehe Kapitel «Der Aszendent und sein Herrscher»).

Wenn Papi bezahlt

Der Anrufer zum Horoskop unten befand sich nördlich des Polarkreises.

Ich kenne ihn seit einem Jahr, seine Frau kenne ich schon seit langem. Sie ist sehr unternehmungslustig, hatte früher ein Modegeschäft und zurzeit ein Restaurant und ein Café.

«Kannst du etwas zu unserer Ehe sagen?»

Beide Hauptachsen stehen vor dem Zeichenwechsel ins kardinale Kreuz: Es geht um ein Abschlussstadium, die Beziehung geht vermutlich ihrem Ende entgegen.

Der Herrscher, Merkur, ist rückläufig und in Opposition zu Neptun: Die Kommunikation zwischen den beiden lässt offensichtlich zu wünschen übrig. Löwe-Wassermann ist die Achse der persönlichen Chemie. Verspannungen zeigen, dass es um entgegengesetzte «Weltbilder», verschiedene «Modelle der Wirklichkeit» (Wassermann) geht.

Der Mond steht in Stier im 8. Haus: Es geht um Geld (Stier), um Schulden oder Guthaben (8. Haus), hier aber wohl eher um Guthaben (Stier).

Mars, der jetzt auch in Stier steht, verstärkt das Geldthema, in einem kritischen Sinne. Mars ist im Quadrat zu Saturn und Chiron: Es geht um «Verletzungen», um Schäden und Verluste.

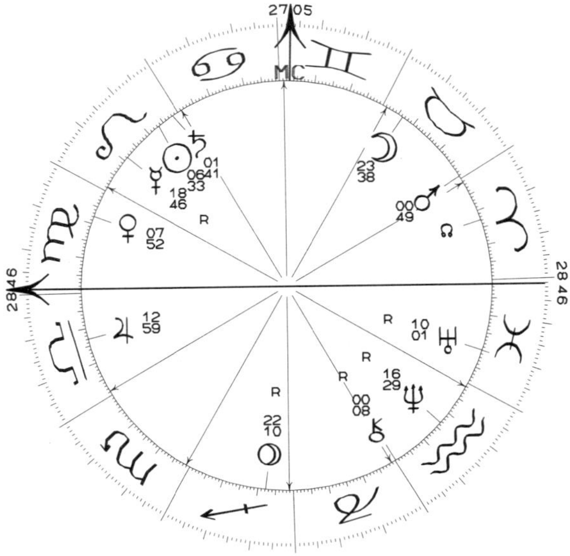

Abb. 34: 29. Juli 2005 AD, 15:53:11

«Hast du dein Geld noch immer in den Geschäften deiner Frau?» (Ich hatte ihm im Jahr zuvor empfohlen, sich da herauszuhalten. Im Horoskop seiner Frau war zu der Zeit ihre Venus/Neptun-Konjunktion in Skorpion aktiviert.)

«Ja, ich schicke ihr jeden Monat meinen Lohn. Ich muss ihre Löcher stopfen. Alles in allem habe ich ihr inzwischen 250.000 Euro gegeben.»

«Das Horoskop sagt, dass das aufhören wird.» (Aszendent Ende des Zeichens).

«Ja, aber wenn ich ihr sage, dass ich nicht mehr bereit bin zu zahlen, sagt sie, ich sei ein Feigling, dem die Visionen fehlen, und knallt den Hörer auf.» (Die Kommunikation ließ tatsächlich zu wünschen übrig.) Er befand sich in Grönland, sie in Dänemark. Sie ist Schütze.*)*

Er ist Zwilling: «Andererseits bin ich bereit, auf das investierte Geld zu verzichten.» (Gute Einstellung, er hat sowieso keine Wahl.) «Ich kann nicht mehr. Sie hat ja schon jahrelang von Scheidung gesprochen. Wenn ich jetzt über Scheidung spreche, sagt sie: Wenn schon Scheidung, dann sofort.» (Sie ist eben Schütze.)

«Mach dir nichts vor. Man sägt nicht den Ast ab, auf dem man sitzt. Du finanzierst ihren Spielplatz. Es wird noch dauern. Aber wirf inzwischen kein gutes Geld dem Schlechten hinterher.»

(Der MC kommt erst nach knapp drei Graden in Krebs. Und erst 2007 wird in seinem Geburtshoroskop sein Mars in Krebs entsprechend aktiviert. Erst dann hat er die Chance, die Nabelschnur zur «Mutter» zu kappen. Außerdem ist Merkur rückläufig, er wird noch – wahrscheinlich mehrmals – seine Meinung ändern. Merkur geht rückwärts ins Sextil zu Jupiter. Er, der Ehemann, läuft auf seine Frau zu. Sie werden sich wieder einigen, was wohl in der Praxis bedeutet, dass er wieder klein beigeben wird.)

Seine Frau ist im Fragehoroskop durch das Zeichen Fische im 7. Haus und dessen Herrscher Jupiter in Waage vertreten. Jupiter ist im 1. Haus, in seiner «Obhut», im Sextil zur Sonne in Löwe und im Trigon zum Neptun in Wassermann. Jupiter hat also durchaus positive Verbindungen, sie ist von ihren Visionen überzeugt. Nur, da wir die Primäraussage «Es geht zu Ende» haben und bereits wissen, wie es um seine Finanzen stand, mussten wir davon ausgehen, dass es sich hier um Luftschlösser und Seifenblasen handelte! Jupiter hat inflationäre Tendenzen. (Jupiter hat eine Umlaufzeit von 12 Jahren. Ich erinnere mich an eine Situation im August 1993. Ich stand in der Küche und brauchte Backpulver, suchte es vergebens und stellte schließlich ein Horoskop auf: «Wo ist das Backpulver?» Das Horoskop zeigte auf Jupiter in Waage: expandierende Luft = Hefe!)

Als Kuriosum noch folgendes Beispiel: Johan hatte letzten Herbst eine Beratung unter den «umgekehrten» Konstellationen.

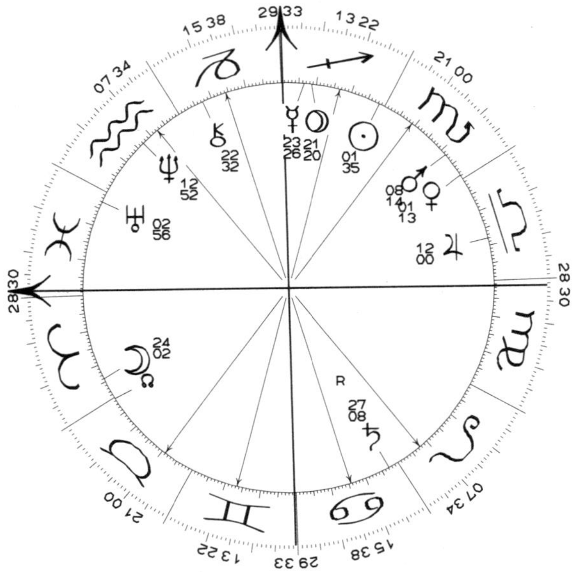

Abb. 35: 23. November 2004 AD, 13:56:49

Seine Klientin wurde durch den Aszendenten in 28 ½ Grad Fische und den Herrscher Jupiter im 7. Haus vertreten.

Sie war im Begriff, eine Boutique zu eröffnen, ihr Ehemann finanzierte das Vorhaben. Die Boutique wurde allerdings nie eröffnet, was ja auch zu erwarten war.

Die letzten Zeichengrade entsprechen Abschlussphasen – nicht Startphasen. Jupiter ist hier der Chef, Merkur der Diener.

Wenn die Frage zu früh kommt

Am Anrufbeantworter erzählte eine Frau, dass sie und ihr Mann so starke Probleme mit der Schulleitung hätten, das sie geradezu unüberblickbar waren. Es ging um den Unterricht

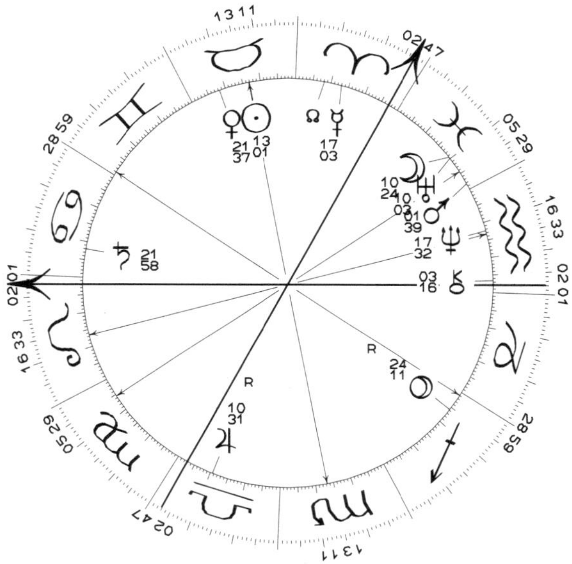

Abb. 36: 3. Mai 2005 AD, 10:34:28

ihres spastisch gelähmten Kindes. Die Frau bat mich, «in die Karten zu schauen» und zurückzurufen.

Ich stellte sofort ein Horoskop auf. Abgesehen davon, dass es «zu früh» war, war die Problematik klar: Es handelte sich um eine sehr persönliche Frage. Es ging um ihr Kind: Löwe ist am Aszendenten, auffallend in Opposition zu Chiron, «dem verletzten Kentaur», in Wassermann. Wassermann, die Schulleitung, ist hier der «Gegner». Löwe-Wassermann ist die Achse der persönlichen Chemie, die hier offensichtlich nicht stimmt. Ich rief sie aber erst am folgenden Nachmittag an. Ich hörte an ihrer Stimme, dass sie etwas verlegen war: «Es tut mir leid, dass ich dich damit belästigt habe. Mein Mann hatte gestern noch eine Sitzung mit der Schulleitung, und plötzlich hatten sie zusammen eine gute Lösung gefunden. Also brauche ich den Rat des Horoskops nicht mehr.»

Allerdings: Zwei Wochen später meldete sie sich wieder. Die Sache war doch noch nicht befriedigend geklärt!

Auf der Schwelle, im Niemandsland

Planeten und Achsen exakt an der Zeichengrenze befinden sich wie in einer Transithalle, im geistigen und/oder im physischen Sinne.

Dazu eine echte Erfolgsgeschichte: Wir hielten Ende August ein Wochenendseminar in einem Hotel in einer Großstadt ab. Am Samstag plauderten wir nach dem Mittagessen im Restaurant. Einer der Teilnehmer, nennen wir ihn Roland, der nicht am Mittagessen teilgenommen hatte, kam herein und setzte sich zwischen mich und einen weiteren Teilnehmer, Karl, der am Tischende saß. Roland nahm sein Portemonnaie aus seiner Tasche, die er auf den Boden stellte, und bestellte eine Tasse Kaffee.

Zu dem Zeitpunkt herrschte recht viel Unruhe im Restaurant, denn die meisten Leute brachen auf. Unter anderem ging eine Gruppe von Blinden an unserem Tisch vorbei, am Tischende, dort, wo Karl saß. Auch Karl stand auf und verließ das Lokal.

Roland, der mit dem Portemonnaie in der Hand seinen Kaffee bezahlen wollte, entdeckte, dass seine Tasche weg war, und meinte, Karl hätte sie aus Versehen mitgenommen. Doch als wir wieder in den Unterrichtsraum kamen, saß Karl bereits an seinem Platz – ohne Tasche! Die Tasche war offensichtlich gestohlen worden!

Roland ging aus dem Raum, um das Hotelpersonal zu informieren. Er sollte im Hotel übernachten und hatte seinen Zimmerschlüssel in die Tasche gesteckt. Es bestand daher das Risiko, dass der Dieb in sein Zimmer einbrechen würde.

Zur Geschichte gehört, dass wir uns am Vormittag über den aktuell vorhandenen «Banditenaspekt» unterhalten hatten. Der «Banditenaspekt» ist unser Spitzname für Merkur/Mars-Spannungen, einschließlich der Konjunktion. Es gab Gelächter, und eine andere Teilnehmerin fragte: «Wo ist Rolands Tasche?»[5]

Im Fragehoroskop steht der Aszendent des Horoskops im letzten Grad des Skorpions. Der Skorpion ist das Zeichen der Schulden und Guthaben, und der letzte Grad entspricht der «endgültigen Abrechnung»: Roland sitzt mit dem Geld in der Hand da, um zu bezahlen. Der Aszendent ist Grenzgänger, er steht auf der Schwelle zum Schützen, «die Weiterbildung» geht in wenigen Minuten weiter.

Wir sehen: Das Horoskop bestätigt die Frage. Auch wenn diese nicht direkt von Roland kam. Die Frau, die sie aussprach, ist sein Sprachrohr. (Das kommt übrigens relativ häufig vor.)

Die Tasche ist wahrscheinlich beim Dieb – einer unbekannten Person. Unbekannte Personen sind traditionsgemäß im 7. Haus zu suchen. Im 7. Haus steht der Mond im Zeichen Zwillinge. Nach den Regeln der klassischen Stundenastrologie ist der verschwundene Gegenstand dort zu suchen, wo der Mond steht. In diesem Fall ist sozusagen «alles in einem» zu suchen. Das ist wahrscheinlich ein Zeichen dafür, dass die Tasche tatsächlich noch beim Dieb ist.

Alles deutet darauf hin, dass sich die Tasche außerhalb des Hotels befindet. Sowohl der Mond als auch Saturn stehen auf der Du-Seite des Horoskops, «im Lager der anderen». Saturn, der Herrscher des 2. Hauses (Besitz) – es handelt sich um eine alte Ledertasche – ist zudem im Exil, «in der Fremde», im Zeichen Löwe.

5 Die Erfahrung zeigt, dass Suchhoroskope in der Regel die Situation bzw. die Umstände zurzeit des Verschwindens beschreiben, auch wenn das Horoskop Tage oder Monate später aufgestellt wird. Vor ein paar Jahren hatten wir hier in Dänemark ein Unwetter um die Mittsommerzeit. Ein paar Tage später entdeckte unser Nachbar, dass sein Schlüsselbund weg war, und hat uns bzw. das Horoskop um Rat gefragt. Die entscheidenden Planeten, unter anderem der Mond und Mars, befanden sich in den Zeichen Widder, Fische und Schütze. In diesen drei Zeichen rasen die Naturkräfte, und so dachten wir sofort an das Unwetter und an seinen Regenmantel. Und tatsächlich lag der Schlüsselbund im Regenmantel.

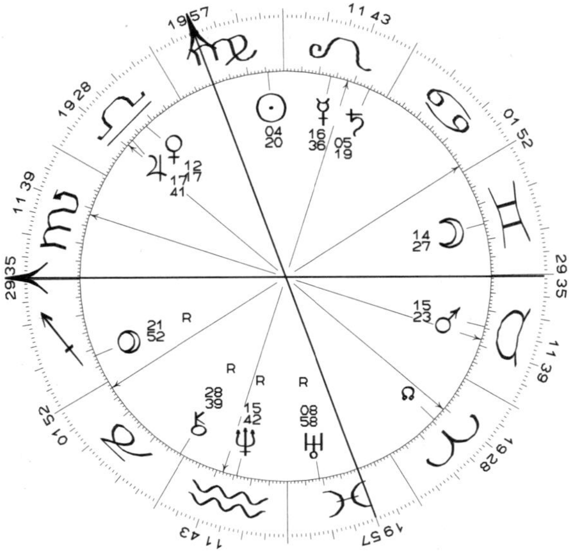

Abb. 37: 27. August 2005 AD, 14:25:33

Direkt beim Hotel gibt es eine Straßenbahnhaltestelle. Nichts könnte mehr «zwillingshaft» sein als eine Straßenbahn, die ja auf «zwei parallelen Spuren» läuft. Dieb und Tasche müssen sich in der Straßenbahn befinden. Wir vermuten, dass die Tasche «mit der Hilfe wohlwollender Leute» zurückkommt. Der Mond geht ja über das Sextil zu Merkur ins Trigon zu Jupiter an der Spitze des 11. Hauses (Freunde und Helfer).

Einer der Teilnehmer fragte: «Wann?» Wir hatten keine «Lust», die Frage zu beantworten. Der Aszendent stand im letzten Grad, wir befanden uns in einer labilen Situation, die Voraussetzungen konnten sich also bald ändern. Eines war sicher: Wir konnten nichts tun als zu warten, bis Roland zurück war.

Roland kam schnell zurück, und die anderen fragten, ob er das Horoskop diskutieren wolle. Das wollte er nicht, und wir setzten den Unterricht fort. Kurz darauf wurde er wieder an die Rezeption gerufen und kam nach einer Viertelstunde zurück – mit der Tasche.

Zwei Straßenbahnkontrolleure hatten die Tasche mit dem Schlüssel gefunden. Eine Brieftasche mit einer kleineren Geldreserve fehlte, doch sein für ihn lebenswichtiger Kalender war noch da.

Am folgenden Tag wollten die Teilnehmer das Horoskop analysieren. Wir hatten Zeit gehabt, darüber nachzudenken, und dachten uns den wahrscheinliche Verlauf so: Roland sitzt mit seinem Portemonnaie in der Hand da. Die Gruppe von Blinden geht vorbei. Der Dieb war durch die Haupttür des Restaurants zur Straße hin hereinkommen und hatte sich unter die Blinden geschlichen, die in Richtung Rezeption unterwegs waren. (Das Zeichen Zwillinge, «Leute in Bewegung», ist im 7. Haus eingeschlossen.) Von der Rezeption aus ist der Dieb dann wieder hinausgegangen und in die Straßenbahn gestiegen.

Es war eine schnelle Aktion: Zwillinge ist neben Fische das beweglichste Zeichen des Tierkreises, der Mond ist der schnellste unter den Himmelskörpern.

Wahrscheinlich handelte sich um zwei Banditen. In Zwillinge gibt es immer mindestens zwei! Einer stand wohl draußen auf der Straße und gab Zeichen. Und es waren ja auch zwei Kontrolleure, die die Tasche zurückbrachten.

Klassischerweise ist der Dieb durch die Venus, den Herrscher des 7. Hauses, vertreten. Venus ist in Waage in ihrer Heimat, sie steht in Konjunktion mit einem der Mondknoten, der «Finsternis- und Verschwindungspunkte», und in Konjunktion mit Jupiter, dem Planeten des «großen Glücks»: Ein weiterer Hinweis darauf, dass die Tat von zwei Personen durchgeführt wurde. Denn Planeten, die zusammen sind, entsprechen Menschen, die zusammen sind (siehe Kapitel «Konjunktionen – Anfang und Ende eines Zyklus»).

Es gibt zu denken, dass Planeten im eigenen Zeichen, wie hier die Venus, nach traditioneller Auffassung «Würde haben», im Gegensatz zu Planeten im Exil, wie hier Rolands Vertreter, Mars, die «unwürdig» stehen. Vielleicht sollte man diese Begriffe weglassen und eher danach fragen, wer am längeren Hebel sitzt?

Zu denken gibt auch, dass die Diebe möglicherweise durch dieselben Planeten vertreten werden wie die Helfer, die Straßenbahnkontrolleure. Unmittelbar ist es sinnvoller, die Diebe bei der Merkur/Neptun-Opposition im Quadrat zu Mars zu vermuten («Banditenaspekt»). Es sei denn, es handelte sich um ein Ehepaar, was der Venus/Jupiter-Konjunktion in Waage prima entsprechen würde. Doch da wir die Diebe nie sehen werden (Venus/Jupiter verschwindet im Mondknoten, Merkur wird durch Neptun in Nebel gehüllt), werden wir die Antwort nie erhalten.

Wie man an diesem Beispiel sehr gut sehen kann, führen in einem Fragehoroskop immer mehrere Wege nach Rom.

Wahrnehmungen des Fragestellers – der Mond

Der Mond ist immer wichtig, er beeinflusst das physikalische und biochemische Leben auf der Erde – und alle Horoskope. Die Stellung des Mondes sagt etwas darüber aus, was man im Sinn hat, was man hofft oder wünscht, ahnt oder befürchtet. Wo der Mond steht, befindet sich auch die «Parabolantenne», dort ist der Ratsuchende auf Empfang eingestellt. Wenn wir den Mond ansprechen, ist sofort ein Kontakt da nach dem Motto: «Wir liefern die gesuchte Ware.» Über den Mond können wir «Rapport» herstellen, wie es in der NLP-Sprache heißt.

Aussagen über konkrete Ereignisse, Erfolge und Misserfolge finden wir nur indirekt beim Mond, es sei denn, er befindet sich unmittelbar vor einer Hauptachse. Der Mond sagt nichts darüber aus, was geschieht, höchstens wie einem dabei zumute ist. «Die Frage ist nicht, was dir geschieht, sondern wie du es nimmst», sagte der dänische Dichter Piet Hein. Die Mondstellung in Zeichen und Haus beschreibt die Art der generellen Offenheit, wobei diese Offenheit durch die Kontakte des Mondes zu den Planeten filtriert und in bestimmte Bahnen gelenkt wird. Harte Aspekte beeinträchtigen die Offenheit bis hin zur Fixierung oder Paralysierung.

Wir haben uns entschlossen, eine Stichwortliste zum Mond in Zeichen und Häusern zu schreiben. Mit Stichworten, die uns mehr oder weniger spontan aus der Praxis einfallen. Die Liste ist als Gedankenanstoß gedacht und sollte mit Vorbehalt angewendet werden. Vor allem deshalb, weil «Haus» nicht einfach

«Haus» ist. In der Praxis muss man zwischen mindestens drei Positionen der Planeten in den Häusern unterscheiden:

Der Planet ist erst vor kurzem aus dem vorausgegangenen Haus geglitten («Rückwärtsbewegung), befindet sich aber noch im gleichen Zeichen, ebenso wie die Spitze des vorausgegangenen Hauses. Beispiele dafür finden sich im Kapitel «Der Aszendent und sein Herrscher». Der Mond befindet sich beispielsweise zwar bereits im 9. Haus, ist sich dessen aber noch nicht «bewusst», hat «noch nicht gemerkt», dass er sich neu orientieren wird.

Der Planet ist «eingeschlossen» (siehe Kapitel «Eingeschlossene Zeichen – Häusersysteme»).

Der Planet nähert sich der Spitze des Hauses, in dem er sich aufhält. Im Kapitel «Gegnersuche im Konsultationshoroskop», Untertitel «Mars als Störfaktor» steht der Mond kurz vor der Spitze des 8. Hauses. (Wiederum Rückwärtsbewegung beachten!) Bei dieser Stellung steht er direkt mit den aktuellen Geschehnissen in der Außenwelt in Verbindung. Die Stichwortliste bezieht sich vor allem auf diese – letzte – Variante.

1. Haus: *Steht der Mond «beim» Aszendenten zeigt er eine besondere Verletzlichkeit des Fragenden, ein «Sorgenkind», eine «Herzensangelegenheit», Engagement. Er akzentuiert und verstärkt die Bedeutung des Aszendenten.*

♈ neue Vorhaben, Initiativen
♉ Sicherheitsbedürfnis
♊ Zweifel, Unruhe
♋ Familienangelegenheiten
♌ «Lieblingskind», Unternehmung, Engagement
♍ Sorgenkind, Existenzangst
♎ Sympathiebedürfnis, Konfrontationsscheuheit
♏ Geheimnis, Tabu
♐ Begeisterung, Optimismus, Reise
♑ Schuldgefühle, Verletzlichkeit, oft alleinerziehende Mutter

♒ Ideen, Freundschaften und Vereine
♓ Überzeugung

2. Haus: *Hoheitsgebiet, Besitz, Territorium*

♈ neue Einrichtung, neue Besitzverhältnisse
♉ Geld, Depot, Warenlager, «Stall», Möbel
♊ mehrere Arbeitsplätze, «Schreibtisch», «Durchzug»
♋ Familienleben, Lokalitäten, «Gasthaus»
♌ Kinder, Entfaltungsraum
♍ Arbeitsplatz Werkstatt, Küche, Angestellte
♎ ökonomisches Gleichgewicht, Platz teilen
♏ ökonomische Abhängigkeit, Intimsphäre, Todesfälle
♐ Freiraum, größere Ressourcen, größere Haustiere
♑ Genügsamkeit
♒ Know-how, Ausrüstung (technisch), Freundeskreis (haben)
♓ unkontrollierbare Besitzverhältnisse, fremde Familienmitglieder

3. Haus: «*Weiterkommen*»

♈ neue Schritte, Neuland betreten, geschäftliche Initiativen
♉ Fracht, Transportsicherheit, Trittsicherheit
♊ Verkehrsnetz, Transport, «Herumkommen», Geschwister
♋ Nachbarschaft, «Lokalkultur», Körperbewusstsein, Fähren
♌ Selbstdarstellung, Unternehmungen
♍ Spezialwissen einsammeln, «vorsichtige Schritte»
♎ Reisebegleitung, «Mitläufer», physisches Gleichgewicht
♏ Hemmschwelle, problematische Geschäfte
♐ Bewegungsfreiheit, zielgerichtete Reisen
♑ Selbstständigkeit, alleinstehend, alleine unterwegs
♒ Gedankengänge, Schulungen
♓ Geschäftsreisen, Irrfahrten

4. Haus: *Fundament, Basis, Ursprung, Heim*

♈ neue Basis, grundlegende Arbeit, «schwarzes Schaf»
♉ Boden unter den Füßen, im Garten
♊ zwei Wohnungen, in Bewegung sein
♋ Verankerung, Heim(at), Zugehörigkeitsgefühl
♌ (Geburtstags)Feiern, festliche Traditionen
♍ Hausarbeiten, Reparaturen
♎ Gleichgewicht, Hausfriede, geteilte Wohnung
♏ alte Familiengeschichten, der Keller
♐ bessere Wohnverhältnisse, Heimreise
♑ die Basis, alte Mutter
♒ geistige Grundlage, Wohngemeinschaft
♓ vorübergehender Zustand

5. Haus: *Experimente, Erweiterung des Entfaltungsrahmens*

♈ neue Versuche, neue Entfaltungsräume, Tanz
♉ sinnliche Wahrnehmung, musische Entfaltung
♊ vielerlei Hobbys, junge Menschen, Neugier, Luftveränderung
♋ mythische Vergangenheit, Kinder, Heimweh
♌ Lebenslust, persönlicher Ausdruck, Spiel, Spontaneität
♍ Forschung, Kunsthandwerk, «Schmerzenskind»
♎ Liebe, Flirt, Spielgefährte, das Verführtwerden
♏ Faszination, Forschung, väterliches Erbe
♐ Fernweh, Expansionsdrang, Entdeckungsreisen, Sport
♑ Einweihungsweg, Individuation, auf eigene Faust
♒ allein auf weiter Flur, Interessen, Spielkameraden
♓ Träume, Sehnsüchte, die großen Mysterien

6. Haus: *Alltagsroutinen, Behandlung*

♈ neue Arbeit, Überanstrengung
♉ Produktivität, Wohlstandserscheinungen
♊ Vielseitigkeit, mehrere Jobs
♋ Familienalltag, Hausarbeit, Hilfsarbeit

♌ Arbeit mit Kindern, Kreativität im Alltag, Herzkrankheit
♍ Gesundheit, Arbeit, Reparaturen
♎ Zusammenarbeit, reibungsloser Alltagsablauf
♏ Überlebenskrisen, hormonell bedingte Krankheiten
♐ erweitertes Arbeitsgebiet, Übertreibungen
♑ Arbeitsalltag, Kompetenzen, chronische Leiden (Skelett)
♒ Arbeitsteam, Arbeitsklima, alternative Methoden
♓ Dienstleistungen, Demut

7. Haus: *Begegnungen, Konkurrenz, offene Konflikte*

♈ neue Impulse, neue Herausforderungen
♉ gemeinsame Vorteile, Übergriffe, Verteidigung
♊ auf der Suche, mehrere Kontakte, die Nachrichten
♋ gefühlsmäßige Angelegenheiten, Familienangehörige, Publikum
♌ starke Persönlichkeiten
♍ Zusammenarbeit
♎ Partnerschaft
♏ Gewinn und Verlust, Immobilienhandel, Preisgegebensein
♐ Richtungswechsel, Fernziele
♑ langwierige Angelegenheiten, Ausgeliefertsein
♒ Freunde, Zielgruppe, unterschiedliche Modelle der Welt
♓ Fremde, unbekannte Größen

8. Haus: *Spielregeln und Gesetze*

♈ neues Image, neuer Titel
♉ öffentliches Gesicht, Fassade, Guthaben, Patente
♊ mehrere Identitäten, Wertpapiere, «Papierkrieg»
♋ Familienerbe, Museen, die Kirche, Hilfsorganisationen
♌ Leumund, Prestige, persönliche Niederlagen, Werbung
♍ Bürokratie, Marktanalysen, Gesundheitswesen
♎ Bilanzen, Schaufenster, Aussehen, Geschäftswelt
♏ Schulden, Tabus, Verwaltung, Erbe

♐ Jura, Fremdenpolizei, die Kirche, Statusverbesserungen
♑ Hierarchien, Verpflichtungen, Titel, Prüfungen, Verzicht
♒ Sondergruppe, «auserwählte Schar»
♓ Finanzen, Medien, die Börse

9. Haus: *Neue Perspektiven, Aussicht*

♈ Neuorientierung, neue Horizonte, noch unbestelltes Gebiet
♉ neue Gefilde, «Geld in Aussicht»
♊ mehrspurige Kommunikation, Publikationen
♋ historische Perspektiven, Homepage einrichten, ferne Familie
♌ Sichtbarwerden, «internationale Berühmtheit», der Süden
♍ Unterrichtsmaterial erstellen, Spezialisten suchen
♎ neue Partnerschaft, gemeinsame Reisen
♏ Hinterfragen, Enthüllungen
♐ neue Richtung, Reisen, Ausland, Guru
♑ neue, weitergehende Aufgaben
♒ Möglichkeiten, weiter gehende Pläne
♓ Grenzenlosigkeit, ungreifbar, Zuversicht

10. Haus: *Bevorstehende Aufgaben, «Berufung»*

♈ Pilotprojekte, Pionierarbeit
♉ Konsolidierung, Platzhirschgebahren, Qualitätsprodukte
♊ mehrere Bälle im Spiel, Vikariate
♋ Familie- und Wohnungsangelegenheiten
♌ Einzigartigkeit, Star-Träume
♍ Arbeit, Existenz, Details, Genauigkeit
♎ Partnerschaft, Zusammenarbeit, «Wasserwaage»
♏ emotionale Verpflichtung
♐ Mission, Ziel, Reisebranche
♑ Berufung, Notwendigkeiten
♒ Teambildung, Pädagogik
♓ Bilder, Visionen

11. Haus: *Beziehungen, Zukunftsvorstellungen, Pläne*

♈ neue Bekanntschaften
♉ Profit, «reiche Freunde»
♊ Koordination, Fahrplan, Unterricht
♋ Familienplanung, die Kinder anderer, künftige Wohnung
♌ persönliche Beziehungen und Vorbilder, Überschuss
♍ nützliche Bekanntschaften, detaillierte Vorbereitung
♎ Verbindungen, Allianzen
♏ alte Freunde, Blutsbrüder, Verschworene
♐ Zukunftsvisionen, Moral, einflussreiche Freunde
♑ Kollegen
♒ guter Wille, Budget, Nettoprofit, Entwicklungsträume
♓ große Gelder

12. Haus: *Privates Kämmerlein, hinter den Kulissen*

♈ physische Aktivität, Bildhauerei, Neues im Kopf haben
♉ Zufluchtsort, Geldsorgen
♊ Selbstgespräche, Zweifel, Fluchtweg
♋ Rückzug, Malerei, Kloster, Familienprobleme
♌ kreative Selbstfindung, verletzter Stolz, «übersehen werden»
♍ Minderwertigkeitsgefühl, Verarbeitung, Tagebuch schreiben
♎ inneres (Un-)Gleichgewicht, fehlendes Timing
♏ Selbstprüfung, geheime Strategien, sich wertlos fühlen
♐ Ungerechtigkeiten, Aufenthalt in der freien Natur
♑ innere Sammlung, Abgeschiedenheit, «in die Berge gehen»
♒ inneres Universum, «Walkman hören», im Internet sein
♓ Bilderwelt, Fotos, Meditation, Aufenthalt am Wasser

Zur Erinnerung:
Die Stichworte sind nur Ideen und Vorschläge!

Mond im Leerlauf

Traditionell gilt für den so genannten Leerlauf des Mondes diese Regel:

Wenn der Mond keine Aspekte mehr bildet, bevor er das Zeichen verlässt, in dem er sich aufhält, wird weder, was du befürchtest, noch, was du dir erhoffst, eintreten.

Dazu sagt unsere Erfahrung:

Wenn der Mond am Zeichenende steht und sich die Frage auf einen Abschluss bezieht, wird sie dadurch bestätigt.

Ein weiterer klassischer Lehrsatz ist: *Der Mond hat seinen letzten Aspekt in frischer Erinnerung.* Hat der Mond kritische Aspekte hinter sich und die Frage lautet in etwa: «Lässt sich der Konkurs vermeiden?», dann bedeutet der Leerlauf, dass keine ermunternden Kontakte (Hilfen) zu erwarten sind.

Wenn man alte Bücher liest, kann man den Eindruck bekommen, der Mond sei ausschlaggebend für Glück und Unglück.

Dass das nicht stimmen muss, zeigt dieses Beispiel: «Kommt es zu einem Vertragsabschluss?»

Die Fragestellerin war Anlageberaterin. Sie war sehr beunruhigt, weil sie seit Monaten keine neuen Klienten mehr hatte. Einen Tag zuvor jedoch hatte sich ein Millionär gemeldet und ihr einen Auftrag in Aussicht gestellt.

Waage ist im Fragehoroskop am Aszendenten, sie befand sich in einer Verhandlungssituation.

Ich vermutete den Millionär bei der Löwe-Sonne im 11. Haus (Wohltäter, Hoffnungen) im Trigon zu Saturn und Uranus (weitsichtig, etabliert, erfolgreich, etwas älter).

Der Mond im 1. Haus , damit ein Nebensignifikator für sie, lief ins Sextil zu Sonne bzw. Saturn. Für mich war der Fall klar: Er würde ihr Retter sein.

Da wir damals noch die klassischen Regeln für bare Münze nahmen, täuschten wir uns: Ihr Wundermann ist weggeblieben.

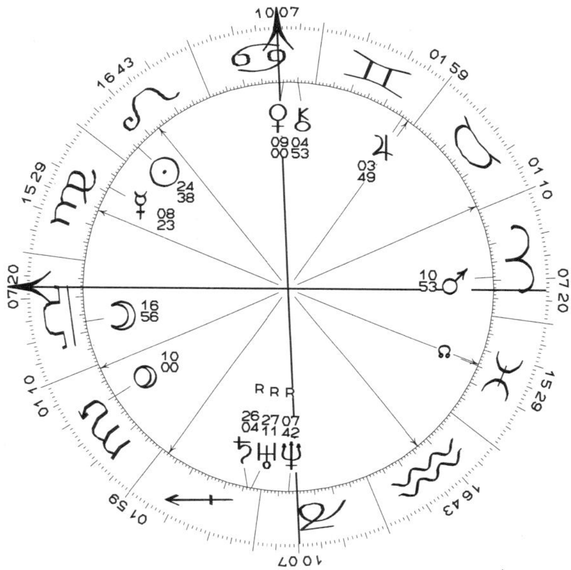

Abb. 38: 17. August 1988 AD, 10:10:00

Ich hatte mich vom Optimismus des Mondes mitreißen lassen und dabei außer Acht gelassen, dass der Herrscher, Venus, aufgespießt bzw. bereits vom MC «gefallen», d. h. nicht mehr im «Karrierehaus» 10 war und zweitens in Spannungsaspekten zu Neptun (Illusion) und Mars (Krieg, hier auch Herrscher des 7. Hauses = Verhandlungen und Übereinkünfte) steht.

Heute noch höre ich oft von Kursteilnehmern: «Der letzte Aspekt des Mondes gibt das Resultat.» Das stimmt nicht.

Eingeschlossene Zeichen – Häusersysteme

Wir arbeiten grundsätzlich mit äqualen Häusern. Krebs entspricht thematisch immer dem 4. «Haus» des Widders, Löwe immer dem 6. «Haus» der Fische, Jungfrau dem 10. «Haus» des Schützen usw. Diese Ordnung ist der Grundpfeiler des Urhoroskops und der Sonnenstandsastrologie (Zeitungshoroskope).

Da die inäqualen Häusersysteme nördlich (und südlich) der Polarkreise versagen und uns gelegentlich Fragen aus Grönland erreichen, sind wir auf die äqualen Häuser-Einteilung angewiesen.

Doch für das differenzierte Erfassen bestimmter Situationen empfehlen wir das Placidus-Häusersystem. Das entscheidende Argument für Placidus ist das Phänomen der so genannten «eingeschlossenen» Zeichen bzw. Planeten in eingeschlossenen Zeichen. In unseren Breiten haben praktisch alle Horoskope – die Ausnahmen sind Widder- und Waage-Aszendenten –irgendwo eingeschlossene Zeichen, und man wird als Astrologe entdecken, wie signifikant eingeschlossene Planeten sind.

Die Faustregel ist: Ein eingeschlossenes Zeichen ist wie ein Staat im Staate. Es ist intern wirksam, im Prinzip aber von der Außenwelt (Häusersystem) abgeschnitten und für diese nicht sichtbar. Das kann je nach Situation von Vorteil oder von Nachteil sein: Wer schwarzarbeitet, kann sich in einem eingeschlossenen Zeichen sicher fühlen, wer krank ist, ist unter Umständen in einem eingeschlossenen Zeichen für den Arzt nicht greifbar.

Oft weisen eingeschlossene Zeichen auf geschlossene Räume

hin, beispielsweise ein Meditationszimmer, wo man seine Ruhe hat, oder einen Schuppen, in dem die verschwundene Katze eingeschlossen ist. Der englische Stundenastrologe Derek Appleby erzählte uns seinen ersten Erfolg als Astrologe: Eine Kollegin hatte ihn gebeten, ihren Ehering zu suchen. Derek stellte ein Horoskop und sah Venus eingeschlossen in Waage im 6. Haus (Arbeitsplatz). «Haben Sie eine Küchenwaage?», fragte er, was sie bestätigte. «Wird die Waage in einem Schrank aufbewahrt?» Sie bestätigte wieder. «Ich glaube, der Ring ist dort.» Eine schöne Geschichte. Wäre es nur immer so klar und eindeutig!

In der Praxis ist vor allem *ein* Fall von Eingeschlossenheit sehr wichtig, nämlich dann, wenn Planeten im 10. Haus eingeschlossen sind. Sie sind deshalb so wichtig, weil der Betreffende seine Ziele nicht unmittelbar in der Außenwelt realisieren kann: Er kann (noch) nicht mit seiner Arbeit an die Öffentlichkeit treten.

Hier ein Beispiel von einer Frau, die des grauen Winterwetters überdrüssig war und den Traum hatte, auf Ibiza ein Restaurant zu eröffnen.

Der Mond steht in Konjunktion mit Saturn und Neptun im 5. Haus, dem Raum der Abenteuer und Experimente. Sie träumt davon, selbstständig zu werden (Steinbock). MC ist in Stier: Die Vorratskammer, das Holzlager, die Bank, das Restaurant sind typische Stier-Orte.

Der Aszendent ist in Jungfrau, es geht also um Arbeit und Existenzbewältigung. Sie hatte ein turbulentes Leben mit starkem Drogenmissbrauch hinter sich, war schon seit längerer Zeit arbeitslos, und die Behörden drohten, ihr demnächst eine «blöde Beschäftigung» zuzuteilen. (Akute Drohung von Mars am DC, sie *muss* sich etwas einfallen lassen. Sie hat während des Gespräches auch über ihren alkoholabhängigen und temperamentvollen Freund gesprochen.)

Merkur, die Fragestellerin, steht mit Venus (wahrscheinlich

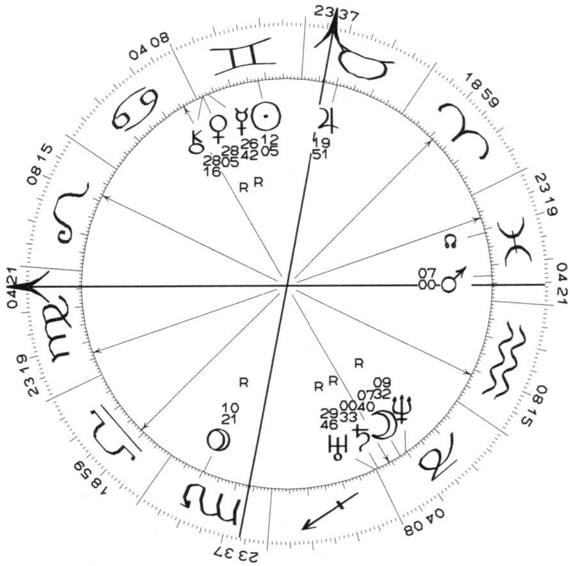

Abb. 39: 2. Juni 1988 AD, 12:00:00

Vertreter ihrer beiden Töchter, in Zwillinge gibt es immer mindestens zwei) eingeschlossen im 10. Haus. Merkur ist stationär und wird bald rückläufig werden: Sie bleibt also zunächst einmal stehen, wird dann die Richtung wechseln, einen anderen Weg (Zwillinge) einschlagen. Venus ist bereits rückläufig. Es blieb tatsächlich zunächst einmal beim Traum. Später beantragte sie eine Invalidenrente und bekam sie auch. Sie wohnt jetzt bereits seit mehreren Jahren in Spanien – ohne Restaurant.

Im 10. Haus eingeschlossene Planeten sind im Prinzip durchaus realisierbar. Sie kommen einfach später dran, meistens dann, wenn MC in der progressiven Bewegung das eingeschlossene Zeichen «aufschließt». Ihr Ziel, nach Spanien auszuwandern, wurde ja auch Wirklichkeit. Später – und auf einem anderen Weg.

Stationäre Planeten

Anfang Januar 2004 waren gleich zwei Planeten stationär, was ein relativ seltenes astrologisches Phänomen ist. Jupiter wurde am 4. Januar rückläufig, Merkur am 7. Januar direktläufig.

Am 5. Januar bekam ich telefonisch eine Frage von einem mir unbekannten 28-jährigen Mann. Die Frage bezog sich auf sein Hobby, das Segeln. «Wie sind meine Aussichten in den Wettbewerben innerhalb der nächsten fünf Jahre, insbesondere beim Americas Cup?» Er erwähnte auch, dass er diese Frage bereits in der Nacht zuvor, um 2 Uhr 20, konkret formuliert hatte.

Ich bat ihn, am folgenden Tag wieder anzurufen, und stellte das Horoskop für seinen Anruf um 13.49 Uhr Ortszeit Kopenhagen auf. Es zeigte sich eine akute Meinungsverschiedenheit.

Auf der Horizontachse steht das Zeichen Zwillinge (zwei) dem Zeichen Schütze (Überzeugungen) gegenüber. Die Akteure sind Mond am Aszendenten und Pluto mit dem Aszendentenherrscher, Merkur am Deszendenten.

Zwillinge ist ein Doppelzeichen. Der Zwilling, hier der Fragesteller, hat immer mehrere Fäden in der Hand, mehrere Bälle im Spiel. Pluto, hier in markanter Position, stellt immer ein Ultimatum, er ist der «Alles-oder-Nichts-Planet».

Die Auseinandersetzung, die hier beschrieben ist, bezieht sich also auf mindestens zwei Personen, und da Pluto ein Doppelplanet ist, sind hier mit Sicherheit mehrere Personen involviert. Es handelt sich hier offensichtlich um eine relativ einfache Frage mit einem vielschichtigen Hintergrund.

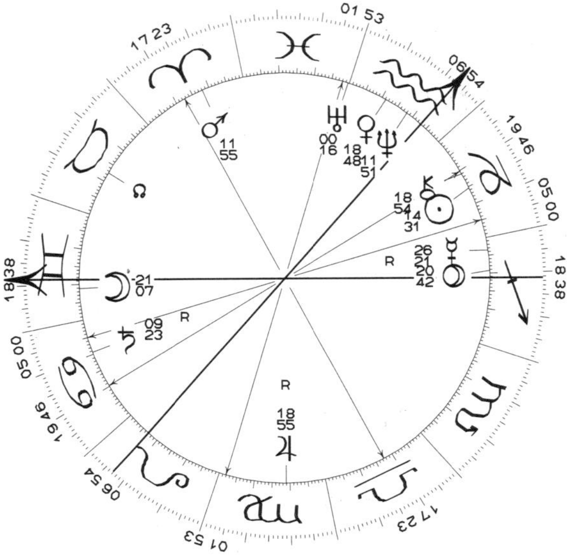

Abb. 40: 5. Januar 2004 AD, 13:49:00

Merkur, der Herrscher, ist stationär. Er hat in den Zeichen Zwillinge und Jungfrau sein Domizil, jetzt befindet er sich in Schütze im Exil, also auf fremdem Boden, und im 7. Haus, dem Hause des Gegners. Er hat «Auswärtsspiel», und seine Chancen, Wettbewerbe zu gewinnen, sind astrologisch gesehen gleich Null. Er wird seine Vision, sein Ziel (Schütze) aufgeben müssen. Aber warum?

Ich fragte ihn beim nächsten Telefongespräch, ob seine Frage durch eine Diskussion mit seiner Mannschaft ausgelöst wurde, was er bestätigte. Er hatte ihnen ein Ultimatum gesetzt: «So geht es nicht weiter», andernfalls würde er sich bemühen, bei einer ausländischen (Schütze) Mannschaft aufgenommen zu werden.

Ich versuchte ihm, so schonend wie möglich die Botschaft Merkurs beizubringen. Ich sagte ihm, dass es hier eigentlich gar

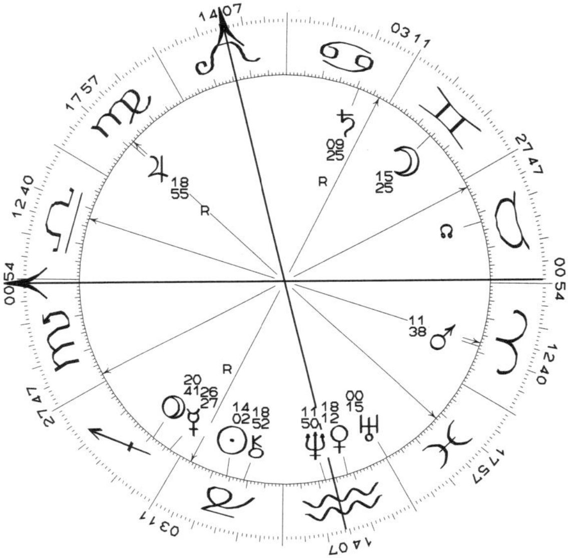

Abb. 41: 5. Januar 2004 AD, 2:20:00

nicht um seine Kompetenz gehe (was wohl eine Notlüge war), sondern dass er es hier vielmehr mit einer Art «internationaler Seglermafia» zu tun hätte (Pluto steht immer in Verbindung mit unüberwindbaren höheren Mächten). Ich wollte ihn davor bewahren, gegen Windmühlen zu kämpfen.

Er erzählte, bereits eifrig, aber erfolglos versucht zu haben, in verschiedenen ausländischen Mannschaften aufgenommen zu werden, und dass er eigentlich die Hoffnung schon aufgegeben hätte (Merkur stationär).

Jetzt habe er auch sein Studium beendet (Merkur stationär) und müsse sich um Arbeit und Einkommen bemühen. Merkur war zu seinem Ausgangspunkt zurückgekommen! Er befand sich dort, wo er bereits am 29. November 2003 in die Schleife zur Rückläufigkeit eingetreten war. Der Mann beschäftigte sich also mit grundlegenden Angelegenheiten.

Aus Neugierde stellte ich auch das Horoskop für den Moment, als er sich selbst die Frage gestellt hatte, obwohl die strikte Regel in der Stundenastrologie heißt: «Das Horoskop wird für den Moment aufgestellt, wo der Astrologe die Frage empfängt bzw. versteht.»

Interessanterweise zeigte dieses Horoskop 0°54' Skorpion am Aszendenten. Fragen, die zwischen null Grad und drei Grad am Aszendenten gestellt werden, sind «zu früh» und «dürfen» nicht beantwortet werden. Die Zeit ist noch nicht reif. Was ja hier ganz konkret der Fall war: Seine Frage hatte mich erst um 13.49 Uhr erreicht, genau zu dem Zeitpunkt, als seine Situation präzise beschrieben werden konnte. (Dabei hatte er bereits am Vormittag mehrmals versucht, mich zu erreichen!)

Zwei Tage später besuchte ich einen Freund. Bei ihm war bereits eine Frau zu Besuch, die gehört hatte, dass ich Astrologin bin. Sie stellte mir die Frage: «Werde ich in nächster Zeit von der Insel weggehen?» (Wir waren zu der Zeit auf den Kanaren.)

Zur Vorgeschichte gehört, dass sie seit zehn Jahren auf dieser Insel wohnte, meistens und immer wieder mit ihrem Freund zusammen. Jetzt hatten sie sich, nach mehreren Versuchen ihrerseits, endgültig (?) getrennt. Diese Insel ist klein, und das Problem ist, dass sich die beiden immer wieder «zufällig» trafen. Ihre Sorge war nun, dass sie sich abermals verleiten lassen könnte, sich mit ihm einzulassen.

Ich berechne zu Hause das Horoskop. Merkur steht exakt am MC in Schütze. Es geht um den Wohnsitz, um Ausland, um Reisen. Die formulierte Frage bezog sich ja auch auf «Weggehen». Merkur ist Herrscher über das 4. Haus und deshalb Repräsentant für den Wohnort. Mit Zwillinge in 4 ist die Wohnung ein «beweglicher Untersatz». Diese Konstellation kommt typischerweise dann vor, wenn Personen zwischen zwei Wohnsitzen pendeln oder tatsächlich im Wohnwagen wohnen.

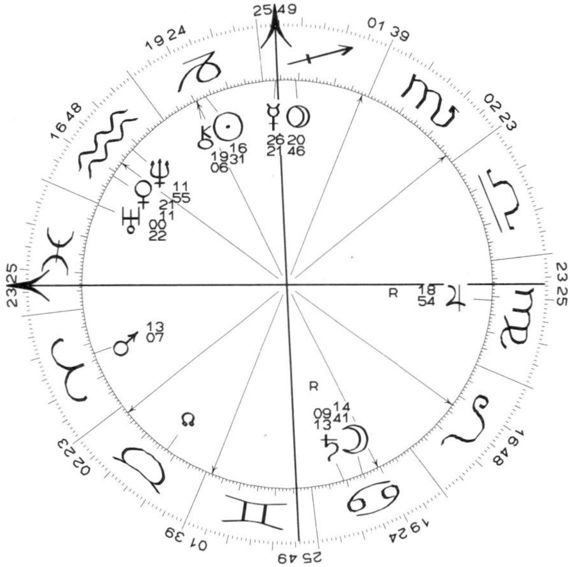

Abb. 42: 7. Januar 2004 AD, 11:48:00

Aber das besagte noch lange nicht, dass sie von der Insel weggehen würde. Sie wohnte schon seit Jahren immer wieder an verschiedenen Orten, zeitweise beim Exfreund und in den dazwischenliegenden Trennungsphasen dort, wo gerade etwas frei war.

Merkur ist hier stationär: Er bleibt, wo er ist. Da er auch Herrscher über das 7. Haus ist, meldet er gleichzeitig, dass die Partnerschaft jetzt tatsächlich zum Stillstand gekommen ist.

Sie selbst, mit Fische-Aszendent durch Jupiter vertreten, «ist» auch stationär. Sie bleibt also auch, wo sie ist. Jupiter ist im Zeichen Jungfrau im Exil, was treffend ihre Situation beschreibt. Sie befindet sich in der Fremde, im Ausland, ohne festen Wohnsitz – eben im Exil.

Ich erzählte ihr dies, als sie mich ein paar Tage später anrief, sagte ihr aber auch, wie wichtig es mir schien, dass sie sich jetzt ein eigenes Zuhause aufbaut, an einem Ort, wo sie sich geborgen fühlt, und um sich aus der emotionalen Abhängigkeit von ihrem Freund zu lösen.

Im Stundenhoroskop zeigt der Mond, was man braucht oder zu brauchen glaubt. Er steht hier im 4. Haus in Krebs und ist dabei, sich langsam von einer Konjunktion mit Saturn zu lösen. Der Freund scheint also hier Familienersatz gewesen zu sein.

Ich sagte ihr auch, dass sie jetzt eine feste Arbeitsstelle braucht. Der Mond befand sich im Sextil zu «ihr» (zu Jupiter im 6. Haus). Weiter stellte ich ihr in Aussicht, dass sie demnächst eine Stelle finden würde, und zwar im Service, als Zimmermädchen oder Kellnerin. Krebs und Jungfrau weisen auf «häusliche Arbeit im Familienbetrieb», und Merkur am MC als so genannter «Dispositor» über Jupiter in Jungfrau gibt einen direkten Hinweis auf den Fremdenverkehr. (Merkur ist ja auch Herrscher über das 7. Haus, und auch die Leute, denen sie begegnete, waren im «Exil».)

Sie teilte bereits am folgenden Tag mit, dass sie vor wenigen Stunden im Hotel unten am Strand eine Stelle als Kellnerin bekommen habe.

Diese beiden Exil- und Stationärhoroskope erinnern noch mich an eine andere Geschichte.

Am 10.10.2002 bekam ich einen Anruf von einer Frau, deren Mann am 9. September, am Tag, als Venus ins Zeichen Skorpion eintrat, aus der gemeinsamen Wohnung ausgezogen war.

Das Stundenhoroskop, aufgestellt für ihren Aufenthaltsort, zeigt 14 Grad Skorpion am Aszendenten mit dem Herrscher von 7, Venus, Vertreterin des Partners und der Partnerschaft, stationär.

Ihre Frage lautete: «Kommt er zurück? (Was ihr offensichtlich von einigen Hellsichtigen versprochen worden war.) Und wenn ja, wann?»

Da Venus stationär ist (und übrigens wie in den vorigen Bei-

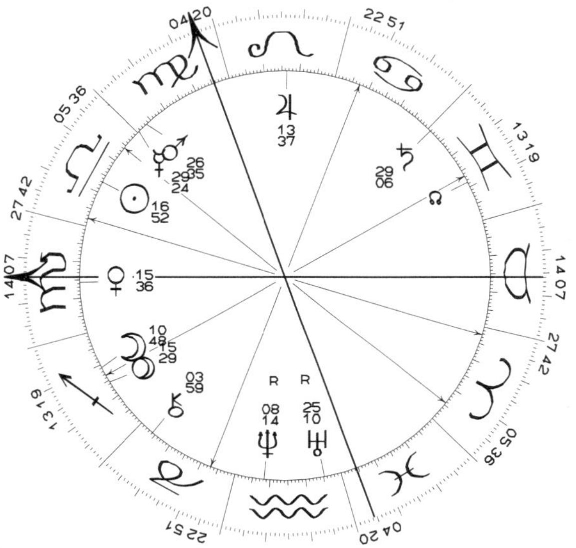

Abb. 43: 10. Oktober 2002 AD, 10:27:00

spielen im Exil), meinte ich, dass er «dort bleibt, wo er ist» und nicht zurückkommen würde.

Da der Mond hier in Konjunktion mit Pluto im 2. Haus ist, machte ich sie darauf aufmerksam, sie möge vielmehr auf ihren Besitz achten, denn hier bestehe ein Risiko von Übergriffen und Diebstählen. Astrologisch gesehen vor allem deshalb, weil der Mond auch in Konjunktion mit einem der Mondknoten, den «Finsternispunkten», ist, was oft ein Zeichen für «Unsichtbar-Werden» bzw. «Verschwinden» ist.

Der Mann kam nicht zurück, und das Paar wurde im Mai 2003 geschieden.

Aber zwei Wochen nach unserem ersten Gespräch, am 24. Oktober, als der Mond gegenüber, in Zwillinge, und wiederum in Konjunktion mit einem der Mondknoten stand, entführte ihr Mann bei Nacht und Nebel zwei (Zwillinge!) Pferde aus ihrem Stall. Pferde gehören ja traditionell zum Zeichen Schütze. Auf diese Idee wäre ich nicht ohne Weiteres gekommen. Die Wirklichkeit ist immer wieder größer als die Fantasie des Astrologen!

Zusätzliche Kommentare

«Zeichen in Opposition ziehen am selben Strick.» Die Seglermannschaft ist ein gutes Beispiel für die Opposition Zwillinge-Schütze. Mehrere Leute bewegen sich (Zwillinge) in die gleiche Richtung (Schütze). Probleme entstehen erst, wenn der eine oder andere in die entgegengesetzte Richtung rudert. Konflikte auf der Zwillinge-Schütze-Achse gehen in der Praxis fast ausnahmslos mit Meinungsverschiedenheiten einher. Was ist richtig, was ist falsch? Welche Richtung ist die richtige Richtung?

Pluto am Deszendenten

Steht einer der «neuen» Planeten am Deszendenten, sind die Widerstände in der Regel unüberwindlich. Es ist «höhere Gewalt im Spiel» (siehe Kapitel «Alte und neue Planeten»). Vor ein paar Jahren hatte sich ein Nachbar verzweifelt an Johan gewendet. Er hatte bemerkt, dass Mitarbeiter des Elektrizitätswerks neben seinem Grundstück Vermessungen durchführten, und hatte den Verdacht, sie würden dort eine Hochspannungsleitung ziehen. Was für ihn eine Katastrophe gewesen wäre, denn er lebte absolut ökologisch und umweltbewusst. Seine Pflanzen bekamen keinen Kunstdünger, und er bezog selbst keinen Strom vom öffentlichen Netz, denn er hatte eine Solaranlage.

Johan stellte ein Horoskop auf: Pluto stand am Deszendenten in Schütze: Schlechte Nachrichten!

Der Nachbar informierte sich daraufhin weiter, schrieb Protestschreiben – es war nichts zu machen. Die Hochspannungsleitung läuft in der Zwischenzeit an seinem Grundstück vorbei.

Rückläufige Planeten

Für das Verständnis der Rückläufigkeit empfiehlt es sich, die Bewegungen Merkurs zu studieren. Er wird dreimal pro Jahr rückläufig, seine Rückläufigkeit dauert je nach Jahreszeit zwei bis drei Wochen. Während dieser Zeit geht er durch eine Reihe von Stadien. Fast täglich verwandelt sich seine Funktion, seine Rolle, seine Bedeutung. Diesen Verwandlungsprozess kann man im Alltag laufend beobachten.

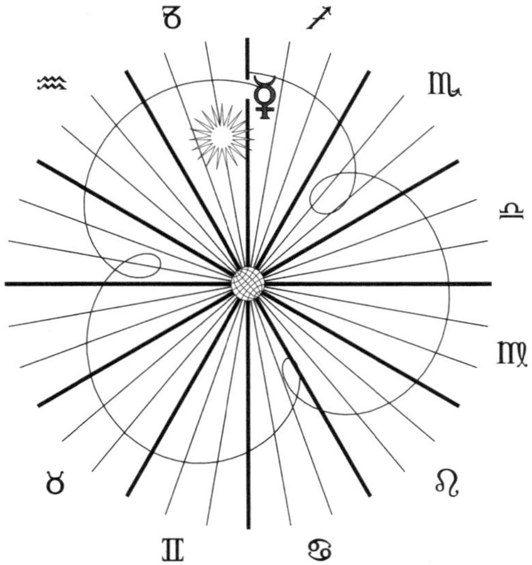

Abb. 44: Merkurschleifen 2006

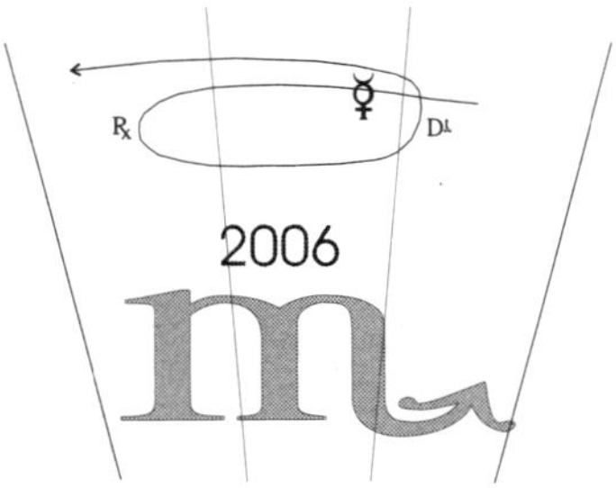

Abb. 45

In den Ephemeriden wird der Beginn der Rückläufigkeit mit einem «R» gekennzeichnet. «R» heißt aber noch lange nicht, dass sich der Planet bereits rückwärts bewegt. Zunächst ist er stationär, d. h. er steht still, nimmt sich die Zeit, sich langsam «umzudrehen». Ein Prozess, der bereits vor dem Tag der Rückläufigkeit begonnen hat.

Merkur bleibt etwa fünf Tage lang stationär, langsame Planeten entsprechend länger. Jupiter zum Beispiel bleibt etwa fünf Wochen stationär, Saturn noch länger. Als Faustregel gilt, dass ein Planet für den Zeitpunkt, wo er erstmals mit «R» gekennzeichnet wird, noch stationär zu deuten ist (Orb ca. ½ Grad).

Im Allgemeinen ist er dann damit beschäftigt, sich einen Überblick zu verschaffen. Er befindet sich in einem eher «stillen», gegebenenfalls auch festgefahrenen, inneren Prozess. Er befasst sich mit der Zukunft, kommt aber auf diesem Weg nicht weiter. Wenigstens vorläufig nicht. Zuerst muss er ein gutes Stück zurück, seine Angelegenheit aus der entgegengesetzten Perspektive oder mit entgegengesetzten Vorzeichen erleben, dann wird er neu starten, die bereits zurückgelegte Strecke wiederholen und seine Erfahrungen vertiefen und materialisieren. Wenn er schließlich zum zweiten Mal bei der Position «R» ankommt, hat er andere Voraussetzungen, um seinen Weg fortzusetzen. Damit verlässt er seine Rückläufigkeitsschleife (siehe Beispiel «Eingeschlossene Zeichen»).

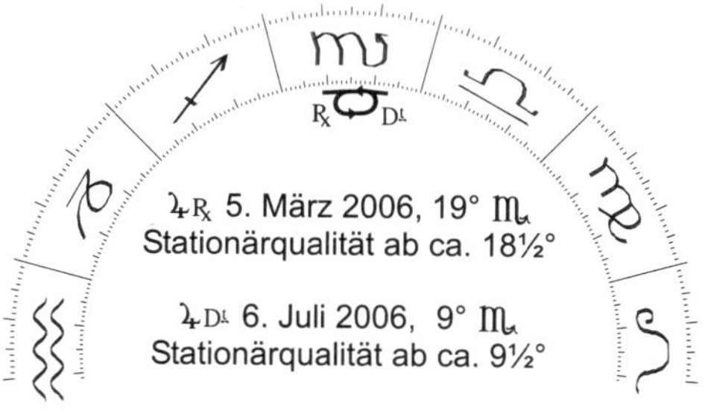

Abb. 46

Der Eintritt in diese Schleife erfolgte bereits, *als er zum ersten Mal an der Position «D» vorbeiging*, das ist die Stelle, an der er später, nach der Rückläufigkeit, wieder direktläufig wird. Dieser Moment wird zwar in den Ephemeriden nicht markiert, ist aber für den Planeten – und für seine irdischen Vertreter – sehr bezeichnend. Denn hier kommt er bereits mit den Themen in Berührung, die sich wie ein roter Faden durch den ganzen Aufenthalt in der Schleife hindurchziehen. Die Schleifen sind wie «Klammern» auf der Wanderung durch den Tierkreis. Übrigens: Die Dauer einer Schwangerschaft entspricht dem neun Monate langen Schleifenaufenthalt Jupiters. Es lohnt sich, die Eintrittstelle in den Ephemeriden zu markieren.

Wenn die Planeten zur Position «D» zurückkommen, stehen sie abermals, je nach Geschwindigkeit, eine Weile lang still. Sie befassen sich zu dieser Zeit mit Grundlegendem: Existenzbasis, Wohnung, Familie, Vergangenheit. Es ist die Station eines Verlaufes, aber sie verhalten sich im Prinzip wie Planeten, die sich im 4. Haus aufhalten.

Auf dem Rückweg begegnen sie der Sonne. Die inneren Planeten, Merkur und Venus, in der Konjunktion, der «konfrontierenden Verbrennung» (siehe Kapitel «Der verbrannte Merkur»), die äußeren Planeten in der Opposition. Während der ersten Hälfte der Rückläufigkeit bereiten sie sich auf dieses «Zwischenexamen» vor. (Das Abschlussexamen kommt erst

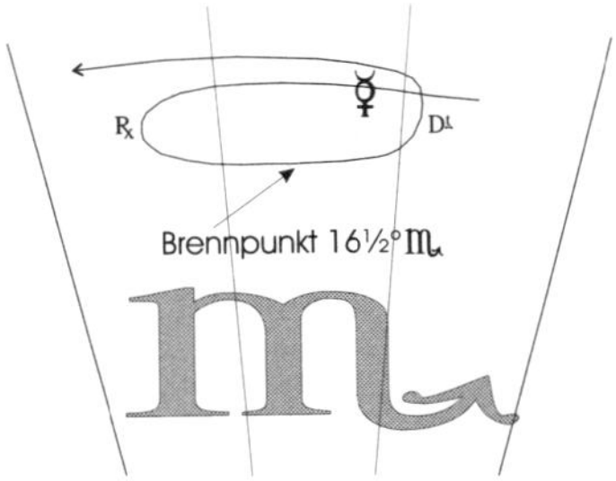

Abb. 47

später, während der begleitenden Konjunktion, vgl. Kapitel «Konjunktionen – Anfang und Ende eines Zyklus».) Es gilt, die gestellten Aufgaben zu lösen und mit sich ins Reine zu kommen. Die Sonne fordert Klarheit und Authentizität.

Nach dem «Zwischenexamen» mit seinen Nachwirkungen begeben sich die Planeten in die Tiefen der Vergangenheit; in eine Phase der kreativen Erholung und der Erforschung nicht gelebter Träume und auf der Suche nach noch verborgenen Schätzen. Spiritualität – und Süchte – beeinflussen den Prozess, die Planeten leben in dieser Phase meist ein Schattendasein.

Nach ihrem Stillstand in Position «D» (Orb wie bei Position «R») beginnt die Wiederholungsreise. Die Planeten nehmen alte Fäden wieder auf, bearbeiten sie, produzieren und schaffen Resultate. Wichtig ist, den Zeitpunkt zu bemerken, wenn der Planet den vorangegangen Konjunktions- bzw. Oppositionspunkt zur Sonne passiert (*Brennpunkt*). Denn hier ist ein weiteres «Zwischenexamen» zu erwarten. Es lohnt sich, auch diesen Zeitpunkt in die Ephemeriden einzutragen sowie den Zeitpunkt, wenn der Planet vor der Rückläufigkeit am Brennpunkt vorübergeht (siehe Kapitel «Venus kehrt zurück»).

«Schicksal des Planeten = Schicksal der Person»

Konjunktionen – Anfang und Ende eines Zyklus

Eine typische Frage von Klienten ist: «Werden wir heiraten?» Der Aszendent steht in diesem Beispiel, nicht überraschend, im Zeichen Waage. Für eine Frage wie diese muss weiter untersucht werden, inwiefern der Aszendentenherrscher (Vertreter des Fragestellers) mit dem Herrscher des 7. Hauses (Vertreter der gegenüberstehenden Person, in diesem Falle des Partners) in Verbindung tritt (Aspekt).

In diesem Horoskop ist der Aszendentenherrscher Venus dabei, Mars, den Herrscher des 7. Hauses, einzuholen, die beiden werden sich in der kommenden Konjunktion miteinander verbinden. Die Antwort ist daher «Ja», und das Paar, das die Frage stellte, heiratete acht Monate später und feierte eine große, festliche Hochzeit (= Löwe). (s. Abb. 48)

«Kommt mein Partner zurück?»
Diese Frage stellte mir eine Frau am Telefon. Ihr Partner, sie haben vier Jahre (vgl. Venuszyklus!) zusammengelebt, ist nach einem Streit vor ein paar Tagen ausgezogen. Der Aszendent ist auch hier wieder in Waage, Venus und Mars stehen in exakter Konjunktion im Zeichen Krebs. Ich sagte ihr, er würde zurückkommen.

Nur: Das geschah *nicht*. Er kam nicht zurück, der Bruch war endgültig. Ich hätte es wissen müssen, denn ich hatte bereits bei der Venus/Mars-Konjunktion in Schütze im Oktober 1997 ähnliche Resultate gehabt. (s. Abb. 49)

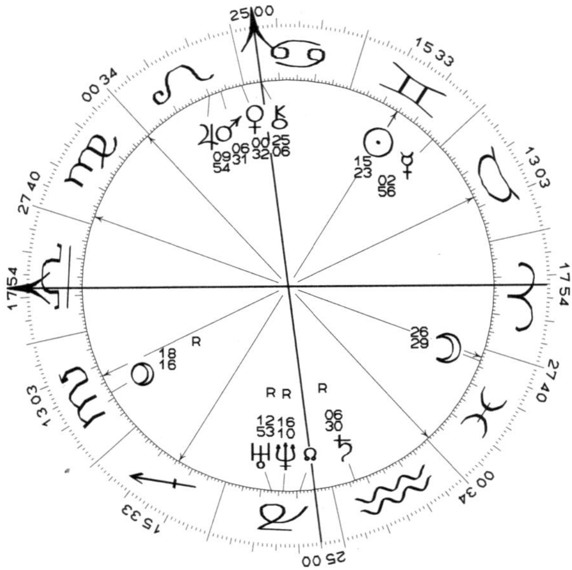

Abb. 48: 6. Juni 1991 AD, 16:00:00

Aber jetzt war klar: Die Konjunktion ist – auch – ein Scheidungsaspekt! Aber wann? Und warum?

Was ist eine Konjunktion?

Es ist aufschlussreich, die Konjunktion aus verschiedenen Winkeln zu betrachten. Wir unterscheiden zwischen dem *statischen*, dem *dynamischen* und dem *zyklischen* Aspekt.

Statisch

Eigenschaften, Planeten-Personen und Zeichen

Planeten in Konjunktion vertreten im Konsultationshoroskop Menschen, die eng miteinander verbunden sind, die sich im guten wie im schlechten Sinne nahe stehen. «Der Hintergrund»,

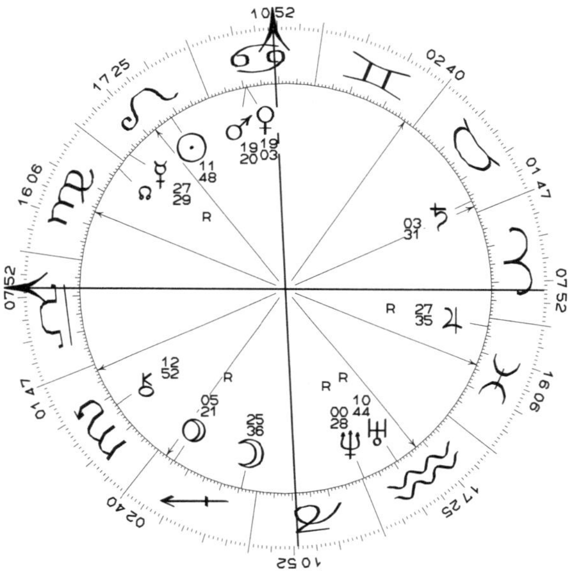

Abb. 49: 4. August 1998 AD, 11:06:00

also das Tierkreiszeichen, in dem sie sich aufhalten, gibt Aufschluss über den Charakter dieser Verwandtschaft, über die Ähnlichkeit oder Einigkeit und über den gemeinsamen Nenner. Das Tierkreiszeichen liefert die Umgebung, das Klima, das Milieu, den Stoff und das Material:

In Jungfrau haben die beiden im allgemeinen die gleiche Arbeit, in Stier die gleichen Werte, in Wassermann die gleichen Interessen. In Zwillinge «folgen sie der gleichen Spur», wobei sie häufig in einem gegenseitigen Konkurrenzverhältnis stehen, in Löwe «stehen sie auf der gleichen Bühne» und sind meistens Rivalen. Denn die grundlegende Ähnlichkeit ist Garantie für Einigkeit und Harmonie, schon gar nicht, wenn es sich um Mars oder Saturn handelt. Merkur und Venus scheinen die Einzigen zu sein, die sich durchweg gut vertragen. Sie begleiten sich wegen ihrer Rückläufigkeit zeitweise wochenlang und

Abb. 50

vertreten typischerweise Freunde oder Geschwister (Merkur + Venus = Gesprächspartner).

Am 13. bzw. 14. Juli 2005, eine Woche vor der Rückläufigkeit Merkurs, kamen Zwillingsschwestern zur Beratung. Merkur und Venus standen im Fragehoroskop in Konjunktion. Beide sind Goldschmiedinnen (Merkur und Venus in Löwe!), sie haben jahrelang miteinander gearbeitet. Seit sie beide alleinstehend sind (Todesfall und Scheidung), wohnen sie auch wieder zusammen.

Im Geburtshoroskop steht ihre Sonne in Krebs, Merkur und Venus in Löwe, eine Woche vor der Rückläufigkeit Merkurs! Solch auffallende Ähnlichkeiten zwischen dem Geburts- und dem Konsultationshoroskop kommen nicht selten vor.

Planeten-Personen im gleichen Zeichen ähneln sich in wesentlichen Punkten. Oft sind sie aus dem gleichen «Schrot und Korn» geschaffen und haben natürliche gemeinsame Nenner, beide gehen zum Beispiel gerne auf die Jagd oder auf Reisen (Schütze), beide sind Stubenhocker (Krebs) usw.

Das Besondere an der Konjunktion ist einerseits, dass die Eigenschaften der involvierten Planeten fusionieren, wobei neue Eigenschaften entstehen, so wie bei der Verschmelzung von Zinn und Kupfer Bronze entsteht. Andererseits färben sie gegenseitig ab, jeder Planet übernimmt Wesens- und Charakterzüge des anderen (siehe Kapitel «Die Planeten in Konsultationshoroskopen»). Eine Konjunktion zwischen Mars und Venus verleiht den Frauen männliche, den Männern weibliche

Eigenschaften. Anders ausgedrückt: Venus/Mars-Verbindungen schaffen Androgynität.

Ausnahme: *Ist die Konjunktion gradgenau, handelt es sich um eine Einheit, um nur eine einzige Person mit «Kombinationseigenschaften». Die Sache mit dem Begleiter fällt also weg, vgl. die Venus/Mars-Konjunktion im Beispiel oben.*

Dynamisch

Prozess oder Verlauf, Interaktion zwischen den involvierten Planeten, Wettlauf, Rollenumverteilung, Personalwechsel
Der Planet, der im Tierkreis weiter gelaufen ist, die höhere Gradzahl hat, vertritt bei einer Konjunktion die Person, die aus dem einen oder anderen Grund «weiter gekommen, ist», älter ist, mehr Erfahrung hat oder die Führungsrolle hat.

Der Zeitraum, in dem die Konjunktion exakt ist oder der schnellere Planet den langsameren überholt, markiert eine Krise in der Beziehung der beiden. Ein altes Kapitel ist vorbei, eine neue Rollenverteilung ist angesagt.

Es lohnt sich übrigens, auch Geburtshoroskope als Stadium eines dynamischen Prozesses zu betrachten.

Zyklisch

Beginn und Ende, Geburt und Tod
Ein jeder Aspekt zwischen zwei Planeten beschreibt ein Stadium ihres gemeinsamen Zyklus, je nach Winkel unterstützen sie einander oder kommen einander in die Quere. Ihre dynamische Beziehung beginnt und endet in der Konjunktion. Die Konjunktion ist sowohl die Voraussetzung als auch die Vollendung aller anderen Aspekte.

Kommen wir auf die zwei Partnerhoroskope von oben zurück: Im ersten Fall geht es um eine *neue* Beziehung, mit der bevorstehenden Ehe beginnt ein neues Leben. Im zweiten Fall handelt es sich um eine bereits *bestehende* Partnerschaft, die jetzt zu ihrer «Vollendung» gekommen ist.

Dieses Beispiel sorgte für Aufregung in der Astro-Szene.

Unter anderem teilte eine langjährige Kursteilnehmerin mit, sie würde nie mehr ein Seminar bei uns besuchen. Sie unterstellte mir, die Daten gefälscht zu haben, um eine sophistische Theorie «verkaufen» zu können. Für uns persönlich lieferte das Beispiel die Lösung mehrerer offener Problemstellungen, darunter die Jupiter/Uranus-Konjunktion in Wassermann im Februar 1997. Ein Kollege hatte daraus eine große Sache gemacht und im Vorfeld den 14.2.1997, den Tag der exakten Konjunktion, zum «internationalen Tag der Astrologen» ernannt. Seine Interpretation dieser Konjunktion war vermutlich in etwa: «Frei denkende Gleichgesinnte vereinen sich weltweit.» Doch dabei hatte er nur den Geburtsaspekt der Konjunktion berücksichtigt – nicht den Todesaspekt! Denn ausgerechnet im Zeitraum Januar bis März 1997, während die beiden Planeten einander begleiteten, kam es überall in Vereinen und Vereinigungen zu Aufsplitterungen, Umgruppierungen und Auswanderungen. In allen astrologischen Kreisen, die wir kennen, krachte es, sowohl hier in Dänemark als auch im Ausland.

Jetzt, in der Rückschau betrachtet, ist diese «Entdeckung» gar nicht revolutionär. Viele Astrologen haben zum Beispiel bereits über die einschneidende Bedeutung der Jupiter/Saturn-Konjunktion geschrieben, die alle 20 Jahre eintrifft. Und die Einleitung einer neuen Epoche bedeutet ja automatisch, dass eine alte Epoche zu Ende geht.

Neumond

Diese Erkenntnis wird allerdings nicht in gewissen populärastrologischen Kalendern berücksichtigt, wenn es heißt: «Heute ist Neumond, ein guter Tag, Neues zu beginnen.» Das stimmt so nicht. Jeder, der bei Neumond etwas Neues begonnen hat, wird es bemerkt haben. Der Neumond ist genau wie jede andere Konjunktion – auch – ein Sterbeprozess. In der Stundenastrologie ist der Neumond berüchtigt. Wir wissen zwar:

Die Klienten kommen immer zum richtigen Zeitpunkt, Aber nichtsdestotrotz heißt es bei uns während des Neumondes immer wieder: «Hoffentlich ruft niemand an!» Denn während des Neumonds sind die Menschen in ihren subjektiven Zuständen, Wünschen, Träumen und verzerrten Vorstellungen gefangen.

Ein Bekannter von uns führt eine Kneipe. Er erzählt, dass die Gäste bei Neumond introvertierter sind. «Jeder sitzt und trinkt allein vor sich hin. Bei Vollmond ist es umgekehrt. Die Leute sind geselliger, dafür kommt es häufiger zu Konfrontationen.» Eine wertvolle Information!

Der Neumondzustand herrscht, solange der Mond unsichtbar bleibt, d. h. ungefähr 1 ½ Tage vor und nach der exakten Konjunktion in der Sonne.

Verbrennungen

Der Neumond gehört zu den Planeten, die bei Konjunktionen mit der Sonne verbrannt sind. Auch Verbrennungen sind traditionell berüchtigt, der verbrannte Planet «verschwindet in den Flammen der Sonne», «verbrennt sich die Finger» (Merkur) oder muss «die zweite Geige spielen» (Venus).

Zugleich gerät der verbrannte Planet in den Fokus (Sonne). Sind Merkur oder Venus verbrannt, sind Enthüllungen und Skandale an der Tagesordnung. Man sieht es in den Medien, am Arbeitsplatz und in der Familie.

Konjunktionen mit der Sonne sind die Feuertaufe der Planeten. Entweder sie sterben oder sie werden neu geboren. Zu den Neugeburten gehören Triumphe und persönliche Auszeichnungen sowie erfolgreiche Fusionen und Allianzen.

Viele Menschen haben im Geburtshoroskop einen verbrannten Planeten, vor allem der verbrannte Merkur kommt häufig vor (sechsmal pro Jahr). Diese Menschen zeichnen sich persönlich (Sonne) durch den verbrannten Planeten aus, die

Liste erfolgreicher Leute mit verbrannten Planeten ist unendlich lang.

Doch im Konsultationshoroskop sind Verbrennungen immer akut und kritisch, und immer beherrschen sie das Geschehen. Das fällt vermutlich deshalb so auf, weil sich nur diejenigen, die während der Konjunktion in Problemen stecken, sich an einen Astrologen wenden. Die anderen sind vollauf mit ihren Erfolgen beschäftigt und haben weder Zeit noch Grund, um Rat zu fragen.

Konjunktionen mit der Sonne sind zeitintensive Perioden, die Ereignisse überschlagen sich, man steht Kopf oder unter Druck.

Die Planeten haben maximale Geschwindigkeit, wenn sie sich in Sonnennähe aufhalten.

Der verbrannte Merkur

Während Sonne/Merkur-Konjunktionen sind Menschen gestresst, sowohl die Klienten als auch die Astrologen. Die Situationen sind akut, die Ereignisse lösen sich in schneller Reihenfolge auf, Unvorhergesehenes geschieht, es kommt zu Rollentausch und «Staffelübergaben», ein neues Kapitel wird aufgeschlagen.

Psychodynamisch identifiziert sich der Ratsuchende fast ausnahmslos mit Merkur, mit dem «Überschatteten», mit dem «Geprellten» oder «Verstoßenen», mit dem «Opfer». Die Sonne wird auf eine andere Person projiziert.

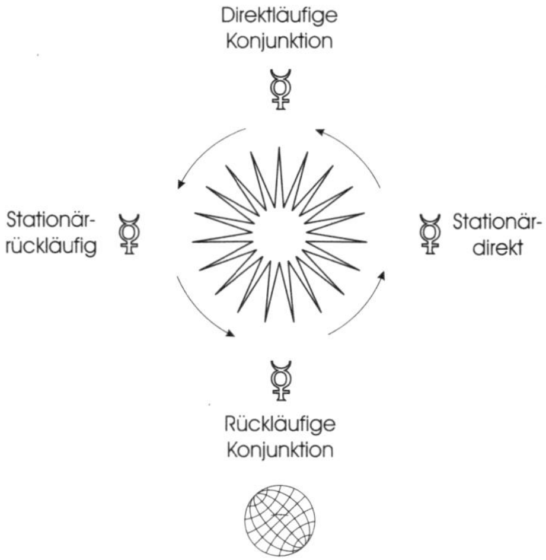

Abb. 51

Abb. 52: Direktläufig = der spurtende Merkur

Bei der Konjunktion ist Merkur entweder direkt- oder rückläufig. In der direkten Bewegung überholt er die Sonne und ist *erdfern*, befindet sich von der Erde aus gesehen hinter der Sonne. Während seiner Rückläufigkeit begegnet er der Sonne und ist *erdnah*, befindet sich also zwischen Erde und Sonne.

Vor der Konjunktion

Merkur hat die Feuerprobe noch vor sich, steht am Ende des Sonne/Merkur-Zyklus, kurz vor dem Examen, kurz vor «Redaktionsschluss».

Während der Überholphase hat er Zeit, sich gut vorzubereiten. Die Konjunktion auf der Überholspur dauert lange. Er konzentriert sich, organisiert Wissen und sammelt Material, knüpft die Fadenenden zusammen, weiß genau, was er zu tun hat – er muss es eben nur tun. Er steht vor der Meisterprüfung oder vor einer Veröffentlichung, wird demnächst ins Rampenlicht treten. Er hat Ambitionen, sein Werk kann immer noch vollkommener werden, noch kompetenter. Er muss alle Details beachten, alle Argumente dokumentieren, seine Souveränität beweisen. Er spürt den Konkurrenzdruck und ist erfolgsorientiert.

Der Merkur, der zurückkommt, steht ebenfalls vor einer Prü-

Abb. 53: Rückläufig = der schlagfertige Merkur

fung. Nur: Er weiß noch nicht genau, was auf ihn zukommt. Er ist sehr aufmerksam, registriert, was um ihn herum geschieht, ist in einer Verteidigungshaltung. Er weiß nicht, welche Waffen gegen ihn eingesetzt werden, welches Thema der Lehrer für die Prüfung wählt, welche Argumente der Kläger gegen ihn vorbringt. Er muss jede Chance wahrnehmen. Es gibt vielleicht immer noch die Möglichkeit, das Wirtspatent *nicht* zu verlieren, wenn er noch im letzten Moment einen Strohmann findet. Er muss im richtigen Moment zum richtigen Schlüssel greifen, «das magische Wort», das «Sesam öffne dich» finden. In der isländischen Edda kann ein guter Spruch den Verurteilten noch vor dem Galgen retten.

Dieser Merkur kann sich in einem desperaten Zustand befinden, verzweifelt sein und unter Prüfungsangst leiden. Es eilt, Merkur ist auf Kollisionskurs.

Diese beide Zustände Merkurs sind in der Praxis «die schlimmsten» – für den Astrologen. Nicht unbedingt für die Klienten. Sie stehen noch vor der Konjunktion, vor dem entscheidenden Ereignis. Sie brauchen den richtigen Rat, um gut über die Runden zu kommen, «es ist noch nicht passiert». Sie haben noch die Möglichkeit, sich richtig hineinzuknien (direktläufig) oder die richtige, gelassene Haltung zu finden (rückläufig). In beiden Fällen gilt: Der Zeithorizont ist kurz.

Abb. 54: Direktläufig = der spähende Merkur

Nach der Konjunktion

Merkur löst sich allmählich von der Konjunktion. Die entscheidenden Ereignisse liegen hinter ihm. *Wie* er durchgekommen ist, ob erfolgreich oder erfolglos, ist eigentlich gleichgültig. Wir können jedoch davon ausgehen, dass irgendetwas schiefgegangen ist, wenn er uns konsultiert. Sonst hätte er ja mit seinem Erfolg alle Hände voll zu tun und keinen Grund, uns aufzusuchen. Aber wie auch immer die Vergangenheit war, nach der Konjunktion befindet sich Merkur im Ablösungsstadium. Er ist «Pfadsucher» und potenzieller «Pfadfinder».

Der spähende, der neue Merkur (entspricht dem Neumond), der die Sonne verlässt, hat den «Knall» schon hinter sich. Er fühlt sich übersehen, nicht beachtet, zu kurz gekommen. Er löst sich von der Vergangenheit und dem Einfluss dominanter Persönlichkeiten (Sonne) und begeht neue Wege. Er hat die Zukunft vor sich. «Not lehrt nackte Frau spinnen», heißt ein Sprichwort in Dänemark. Der spähende Merkur hält Ausschau nach neuen Möglichkeiten.

Später, in den Wochen nach der Konjunktion, verwandelt sich der spähende Merkur in den Geschäftsmann oder in den Avantgardekünstler.

Abb. 55: Rückläufig = der berichtende Merkur

Der berichtende Merkur hat «rückwärts» die Sonne verlassen. Er verarbeitet, was gerade geschehen ist, berichtet über die Sensationen, ist immer «hinterher».

«Jetzt weiß ich, aber jetzt ist es zu spät», heißt der Liedtext von einem Freund. Jetzt ist guter Rat teuer.

Dieser Merkur ist ein Reflektierender, für ihn ist es wichtig, die richtigen Fragen zu stellen. Während der weiteren Rückläufigkeit wird er tiefgründiger und entwickelt sich zum Poeten, zum Magier oder zum Psychotherapeuten.

Der Umdenkende und der Reflektierende haben beide eine Zukunft und eine persönliche Entwicklung vor sich. Für uns Astrologen geht es um Schadenbegrenzung und Potenziale.

Der spähende und der spurtende Merkur, die Direktläufer, haben gemeinsam, dass sie im Prinzip die weitere Entwicklung in der Hand haben. Sie müssen konzentriert bzw. umsichtig sein. Ihre Handlungen beeinflussen den Verlauf, sie sind in eigener Sache unterwegs und können hinter den Kulissen die Fäden ziehen. Sie befinden sich ja hinter der Sonne.

Merkur bei Rückläufigkeit kann das Geschehen nicht steuern, Erfolg und Misserfolg hängen weitgehend von Geistesgegenwart und Reaktionsgeschwindigkeit ab. Sie sind exponierter, ausgesetzter, in der Zwickmühle, «zwischen Sonne und Erde

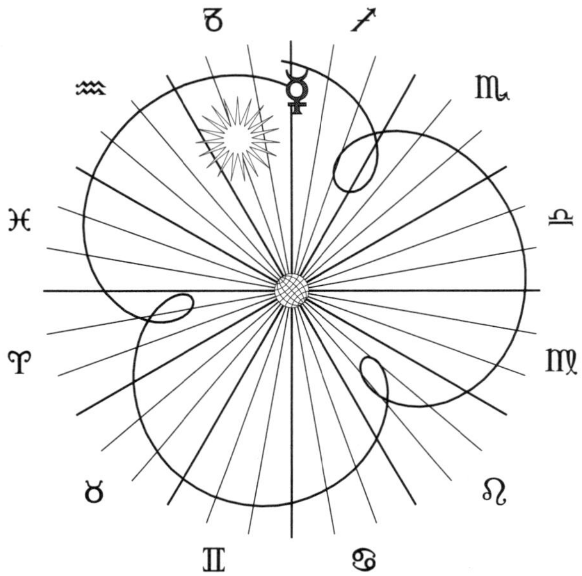

Abb. 56

eingeklemmt», die Umgebung steckt den Entfaltungsrahmen ab. Dafür haben sie Erfahrung, sie sind ja bereits auf dem Rückweg und können auf Bestehendes zurückgreifen, um weiterzukommen.[6]

6 Eine tiefer gehende Beschreibung des Verhältnisses Sonne-Merkur siehe in «Merkur, Wesensglieder und Gestalten» (Wettswil, 2000). Hier beschreiben wir eingehend die einzelnen Stationen der Wanderung Merkurs um die Sonne mit Deutungsvorschlägen und vielen Fallbeispielen aus der Praxis, die Konjunktionen, die Umkehrstellen und die Brennpunkte (siehe Kapitel «Venus kehrt zurück»).

Venus kehrt zurück

Die Schleife

Sonne und Venus treffen sich regelmäßig in der Konjunktion, nämlich zehnmal in exakt acht Jahren, fünfmal in der so genannten begleitenden (äußeren), fünfmal in der begegnenden (inneren) Konjunktion. Bei der begegnenden Konjunktion ist Venus rückläufig.

Am 31. Oktober 2002 war es wieder so weit. Sonne und Venus trafen sich auf fast acht Grad Skorpion. Venus war rückläufig und blieb am 21. November auf null Grad Skorpion stehen, um anschließend wieder ihre direktläufige Wanderung zu beginnen.

Bereits am 8. September war Venus über diesen Punkt gegangen, wo sie am 21. November «wieder von vorne» begann. D.h. am 8. September trat Venus in ihre Schleife ein. Und am 18. September erreichte sie zum ersten Mal die Stelle, wo am 31. Oktober die Konjunktion stattfand. Am 12. Dezember würde sie zum letzten Mal über diesen «Brennpunkt» gehen. Wie wir im Folgenden sehen werden, enthält der Brennpunkt bereits die Qualität der kommenden Konjunktion. Am 25. Dezember erreichte sie 15 ½ Grad Skorpion, die Stelle, wo sie am 11. Oktober rückläufig geworden war. Erst dann verließ sie ihre Schleife.

Venus befand sich somit zwischen dem 8. September und dem 25. Dezember 2002 in ihrer Skorpionschleife. Wie acht Jahre zuvor, 1994.

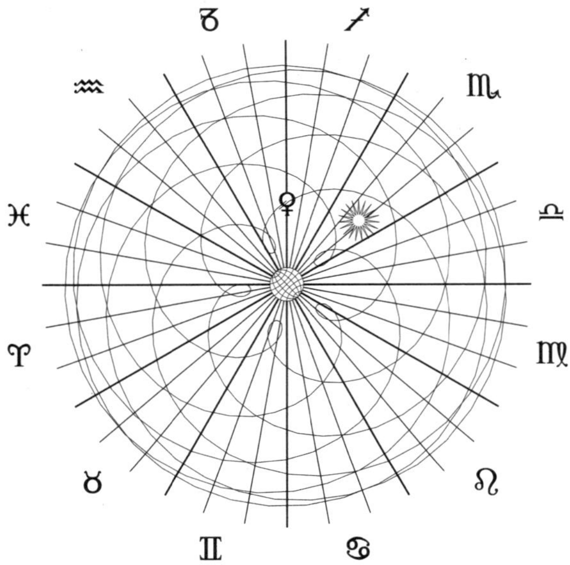

Abb. 57: ♀ November 2005 – November 2013

1998, vier Jahre zuvor, ebenfalls am 31. Oktober, überholte Venus die Sonne in der begleitenden Konjunktion.

Venus hat einen sehr regelmäßigen Zyklus und bildet in acht Jahren infolge ihrer Rückwärtsbewegung eine fünfblättrige Blume» (Pentagramm), die aus fünf Schleifen besteht. In dieser Periode rückt jeder Punkt der Schleife gute zwei Grad rückwärts durch den Tierkreis.

Nach 104 Jahren ist dieser Punkt um 30 Grad zurückgerückt.

Jede Schleife ist ca. 16 ½ Grad «breit» und Venus braucht dafür 105 bis 110 Tage (meistens 33 + 43 + 33 Tage).

Wenn von Venus die Rede ist, spielt auch ihr achtjähriger (und vierjähriger) Zyklus eine Rolle, vordergründig oder verborgen.

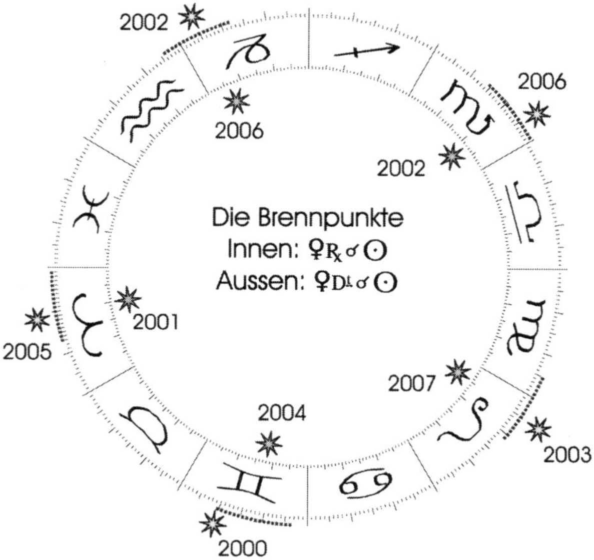

Abb. 58

Die Verbrennung

In der klassischen Astrologie gelten alle Konjunktionen mit der Sonne als «Verbrennungen». Der verbrannte Planet geht in den Flammen der Sonne auf, wird verzehrt, vernichtet, existiert nicht mehr als selbstständiges Wesen. Die Verbrennungen, auch der Neumond, sind berüchtigt.

In Stunden- und Konsultationshoroskopen, in denen die Planeten «personifiziert» werden, ist es recht unangenehm, von einem verbrannten Planeten vertreten zu werden. Die Konstellation entspricht Situationen, in denen man überschattet, verdrängt, vernichtet wird. In der Regel wird eine weitere Person, die durch die Sonne vertreten wird (auf die Sonne projiziert wird), als «Übeltäter» und Machtfaktor erlebt.

Konjunktionen mit der Sonne sind sehr «persönlich», rücken

einem auf die Pelle, es geht um die Existenz, um Leben und Tod. Im eigenen Selbst finden entscheidende Veränderungen statt. Ein Zyklus wird beendet, ein neuer Zyklus beginnt. Die Konjunktion ist der Knopf für «Aus» und «Neustart».

Psychologisch gesehen beschreiben Konjunktionen mit der Sonne Integrationsprozesse. Die Sonne vertritt den Kern und den zentralen Prozess der Persönlichkeit, die Konjunktion, die Verschmelzung zwischen dem Planeten und der Sonne, markiert den Zeitpunkt, wenn die Sonne mit der entsprechenden Energie angereichert wird. Bei der Konjunktion mit der Sonne stehen wir quasi mitten im Examen, jetzt wird sich zeigen, ob wir bereit sind, die nächste Klasse, die nächste Runde in Angriff zu nehmen. In der Konjunktion liegen potenziell sowohl Erfolg als auch Misserfolg, Triumph und Niederlage. Die Konjunktion mit der Sonne ist die Feuertaufe der Planeten.

Persönliche Beziehungen

Das Verhältnis zwischen Sonne und Venus beschreibt die Entwicklung und Integration der sozialen und gesellschaftlichen Position einer Person, die Rolle in den persönlichen Beziehungen und in der Berührungsfläche mit der Umgebung. In Zeiten, in denen sich Sonne und Venus «nahe stehen», ist eine entsprechende Verwandlung im Gange.

Ein Update ist angesagt. Die persönlichen Beziehungen fordern Erneuerung, Läuterung, Verwandlung, sonst «sterben sie», haben ausgedient und sind verbraucht. In Sonne/Venus-Zeiten geraten Missverhältnisse ins Fadenkreuz.

Symbiosen

In der Konjunktion sind Sonne und Venus verschmolzen, der eine kann nicht ohne den anderen leben. Der eine hat, was der andere braucht, man zehrt gegenseitig an den Ressourcen, «verschlingt einander», die Grenzen sind fließend, verwischt. Man kann nicht mehr zwischen «Mein» und «Dein», auch nicht zwischen «meinen Werten» und «deinen Werten» unterscheiden.

In der Praxis handelt es sich oft um Beziehungen, in denen die gegenseitige Abhängigkeit derart belastend geworden ist, dass man «ausgelaugt» und «ausgelöscht» ist. Die Konstellation tritt in Abnabelungszeiten auf, z. B. in der Pubertät, bei Scheidungen, Todesfällen, Entlassungen etc.

Ein befreundetes Ehepaar lebte in einer typischen Sonne/Venus-Beziehung, der eine hatte, was dem anderen fehlte.

Sie: Künstlerin mit finanziellen Schwierigkeiten
Er: Buchhalter mit einem kleineren Vermögen
Sie: alleinerziehende Mutter (auch finanziell)
Er: Familienclan im Hintergrund (auch finanziell)
Sie: ziemlich unpraktisch, meidet Werkzeuge
Er: Heimwerker, praktisch, «nützlich»
Sie: geschätzte Gastgeberin mit großem Freundeskreis
Er: ziemlich unbeliebt, ihm fehlt das Gespür für Situationen

Der Mann hat zwar mehr Geld als sie, ist aber menschlich gesehen ärmer. Er bringt nichts Persönliches in die Gemeinschaft ein. Nach der Trennung der beiden kann er nicht verstehen, dass er nicht zu ihren gesellschaftlichen Veranstaltungen eingeladen wird. Er selbst ist nicht imstande, ein Abendessen zu organisieren, und taucht jetzt bei seiner Exfrau als ungeladener Gast auf. Sie hat Mühe, ihn abzuweisen und sich abzugrenzen. Beide sind im Zeichen Stier geboren.

Während des Scheidungsprozesses erzählte sie mir, dass sie vor acht Jahren – die beiden waren noch relativ frisch verheiratet – die erste Ehekrise hatten. Sie fühlte sich damals gedemütigt, «auf das Abstellgleis» gestellt. Ihr Mann hatte wegen der bevorstehenden Hochzeit seiner Tochter mit seiner Exfrau Kontakt aufgenommen und betonte immer wieder, wie schön, intelligent und tüchtig seine Verflossene sei.

Man spricht zwar vom «verflixten siebten Jahr», aber die emotionalen Prozesse folgen dem achtjährigen Venus-Zyklus.

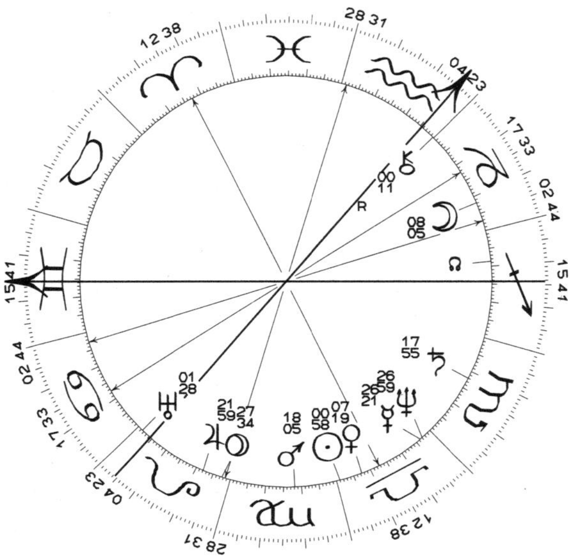

Abb. 59: 24. September 1955 AD, 20:25:10

Missbrauch

Abhängigkeitsverhältnisse sind in der Regel zugleich Missbrauchsverhältnisse. Unter Missbrauch verstehen wir heutzutage vor allem sexuelle Übergriffe, Missbrauch ist aber auch Missbrauch der Ressourcen, des Wissens, des Titels, des Status oder des Freundeskreises anderer Menschen sowie Missbrauch der eigenen Ressourcen und Talente und Missbrauch von Nahrungs- oder Genussmitteln.

Die Biografie von Sonne/Venus-Menschen ist oft von einer speziellen, um nicht zu sagen «unnatürlichen», Rolle in der Kindheit gekennzeichnet.

Die Kindheit dieser Frau war u. a. von einem «Rollentausch» zwischen ihr und ihrer Mutter geprägt. Die Mutter war sehr künstlerisch veranlagt, aber auch weltfremd und recht unfähig, sich um den praktischen Alltag zu kümmern. Die Tochter übernahm es daher, für sich und ihre Brüder zu sorgen.

Als junge Sängerin heiratete sie einen Pianisten, der sich selbst für das größte verkannte Genie hielt. Es gelang ihm, ihr einzureden, dass sie als Künstlerin wertlos sei. Sie hängte den Beruf an den Nagel und beschäftigte sich ausschließlich mit den Kindern und dem Haushalt.

Erst mit über vierzig hat sie ihren Selbstwert wiedergefunden und sich scheiden lassen. Sie ist mittlerweile eine gefragte Sängerin.

Vor fast taggenau 16 Jahren, Venus war in ihre Rückläufigkeitsschleife eingetreten, rief eines Morgens ein Freund an, in einem desolaten Zustand. Seine Frau hatte ihn am Vorabend verlassen und die kleine Tochter mitgenommen. Nachdem sich der erste Sturm einigermaßen gelegt hatte, gingen die beiden ein paar Monate lang in eine Therapie. Doch kurz vor Neujahr, als Venus ihre Schleife bei 20 Grad Skorpion beendete, verließ auch die Ehefrau mitsamt Tochter endgültig ihren Mann.

In den folgenden Scheidungsverhandlungen beschuldigte die Frau auf Anraten ihrer Anwältin unseren Freund des Inzests an der Tochter. Wahrscheinlich wollte sie aus Rache verhindern, dass ihr Exmann die Tochter sehen durfte.

Der Richter, der an solche Intrigen gewöhnt war, sprach sich schließlich für unseren Freund aus und wies die Anklage zurück. Doch unser Freund war in der Zwischenzeit durch die Hölle gegangen. Er war damals 32 (4 × 8) Jahre alt, folglich war er in einem der «Venus-Jahre», denn er ist während einer Sonne/Venus-Konjunktion in Skorpion geboren.

Die Dramatik der Venus-Schleife wird in diesem Konsultationshoroskop durch Pluto am Aszendenten verstärkt: «Du stehst davor, einen Eiterherd zu öffnen.»

Bemerkenswert ist auch der «gefallene» Mond in Löwe im Quadrat zu Venus. Er hat Angst, dass die Tochter «ins Ausland» verschwindet. Merkur greift aus dem Hinterhalt im 12.

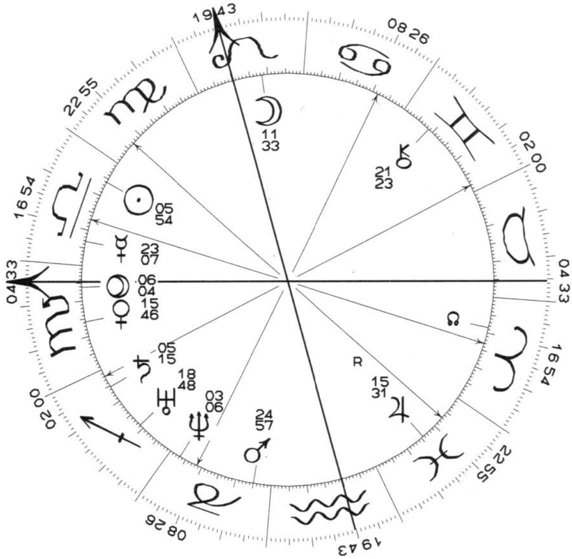

Abb. 60: 29. September 1986 AD, 9:06:59

Haus seinen Herrscher, Mars, an. Der Vorschlag, ihn wegen Inzests anzuzeigen, kam nämlich ursprünglich von der Psychologin der Ehefrau.

Als weiteres Beispiel für eine Sonne/Venus-Beziehung hier das Geburtshoroskop von Charles Manson, der als Anführer einer Kommune in Hollywood eine Serie blutiger Morde initiierte:

Seine Mutter war bei seiner Geburt 16 Jahre alt, alkoholabhängig und, so wird berichtet, eine Prostituierte. Sie hat ihn als Kleinkind einmal in einer Kneipe für ein Bier an eine andere, schwangere Frau «verkauft» und verlassen.

Er galt als schwer erziehbar, wuchs in verschiedenen Heimen auf und hat erst als Erwachsener lesen und schreiben gelernt.

Als 24-Jähriger hielt er sich als Zuhälter über Wasser und kam schließlich ins Gefängnis. Dort hat er sich vor allem seiner Gi-

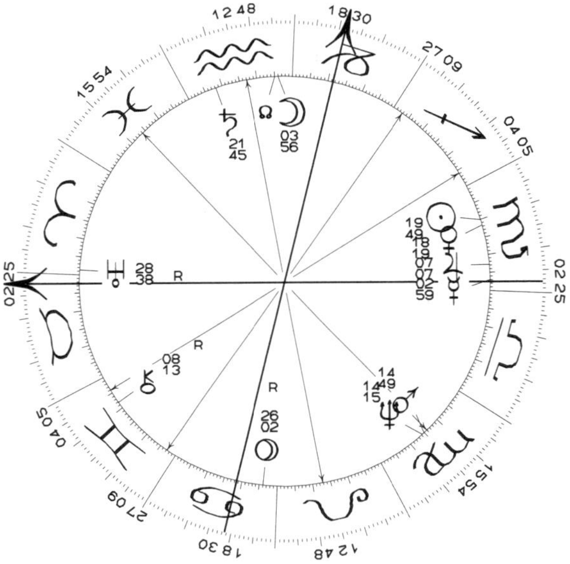

Abb. 61: 12. November 1934 AD, 16:40:00

tarre gewidmet und an die 80 Lieder geschrieben. Er war absolut davon überzeugt, er wäre als Musiker noch größer als die Beatles.

Im März 1967, er war 32 Jahre alt, wurde er aus dem Gefängnis entlassen. Er schloss sich einer Hippie-Gruppe an und gründete eine eigene «Familie» aus einer Schar von «Willenschwachen» mit sich selbst als Oberhaupt. Mit dieser Familie nistete er sich in der folgenden Zeit bei verschiedenen reichen Leuten aus der Künstlerszene ein und lebte auf deren Kosten. Diebstähle gehörten zur Tagesordnung.

Kurz vor den Morden am 9. August 1969 war er bei einem Plattenproduzenten als Musiker abgewiesen worden.

Bei seiner schrecklichen Tat war er 34 3/4 Jahre alt (Saturn/Mondknoten-Zyklus).

Die aktuellen Konstellationen am Himmel drücken sich nicht nur in Horoskopen aus. Sie sind allgegenwärtig. Wenn man Augen und Ohren offen hält, kann man sie überall erleben, im Familienleben, vor dem Fernseher, auf der Straße.

Vor ein paar Wochen, am 18. September 2005, Venus hatte ihren Brennpunkt erreicht, stieg ich in Kopenhagen in den Zug. Es roch stark nach Haschisch, und ich entdeckte einen schon etwas betagten Hippie mit seiner Pfeife. Ich setzte mich zu ihm, und wir begannen ein Gespräch. Er beklagte sich über seine Situation am Rande der Gesellschaft. Er bezog seit 24 Jahren eine Invalidenrente, hatte seither nie eine Arbeit, seine Freunde von damals waren entweder tot oder in der Klinik. Er war auch selbst einige Male in der Klinik gewesen, erzählte er, das letzte mal vor 8 Jahren. Seither geht es ihm besser, denn er hatte damals (Herbst 1994) auch seine Freundin kennen gelernt, eine Frau, die 24 Jahre älter war als er. Sie spielten beide Klavier, hatten hier einen wichtigen gemeinsamen Nenner. Auch sie hatte ein Missbrauchsproblem (mit Medikamenten). Die Minderheiten und die Ausgestoßenen halten zusammen, wobei die gegenseitige Abhängigkeit größer ist als die Zuneigung.

Alternative Beziehungsmuster gehören zur Sonne/Venus-Konjunktion. Während der letzten Sonne/Venus-Konjunktion in Löwe hielten wir darüber ein Seminar in Kopenhagen. (Wir wählen als Seminarthema, soweit möglich, immer die aktuellen Konstellationen.) In der Pause erzählte eine Teilnehmerin, dass sie seit 32 Jahren glücklich verheiratet ist: «Unser Geheimnis ist, dass wir uns oft jemanden für einen flotten Dreier ins Bett holen. So gibt es immer wieder Inspiration und Erneuerungen.» (Die wirklich interessanten Feedbacks kommen meistens in der Pause.)

Am darauf folgenden Abend kam im Fernsehen eine längere Ausstrahlung über die Eunuchen in Indien, die Tageszeitung berichtete, dass AIDS in Mitteleuropa jetzt völlig außer Kon-

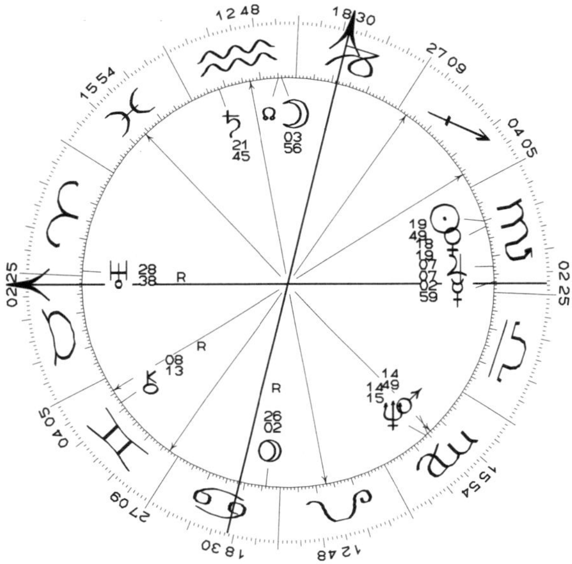

Abb. 62: 17. September 2002 AD, 20:57:00

trolle geraten war: Im Laufe von nur drei Jahren war die Anzahl von HIV-Infizierten von 420.000 auf mehr als eine Million gestiegen. Und unter der Überschrift «Zensur in dänischem Festival» wurde berichtet, dass die chinesische Meditationsbewegung Falung Gong aus dem Festival «Asian Comments» ausgeschlossen («verbrannt») worden war.

Am Vorabend hatte ein Geschäftsmann angerufen. Im Konsultationshoroskop war Stier am Aszendenten, es ging um Geld und um seine Zahlungsfähigkeit. Seit fünf Jahren versuchte er, ein «geniales» Produkt, ein System, zu vermarkten, es ging um mehrere Millionen Euro. Er sei Erfolg des Projektes absolut überzeugt, sagte er. Er befand sich jedoch in einem finanziellen Engpass und fragte, ob und wie es ihm gelingen würde, bis Anfang des Jahres über die Runden zu kommen.

Er ist durch die Venus im Brennpunkt vertreten, Venus steht im Exil im 7. Haus und im Quadrat zu Neptun in Wassermann (Wunschtraum) und Jupiter in Löwe (Grandiosität). Seine «Überzeugung» ist eine riesige Seifenblase!

Das versuchte ich ihm beizubringen, er hörte nicht zu. Er bestritt sogar, dass seine Probleme mit seinem eigenen Verhalten und seinem eigenen Lebensstil zu tun hätten. Später räumte er jedoch ein, dass er nicht einmal mit seinem Kompagnon sprechen könne. Sie kommunizierten nur noch über Vermittler. Plötzlich begann er von seinem Leben zu erzählen, vor allem von seinen Erfolgen und seinen Frauen (fünf Ehen, fünf Scheidungen und unzählige Seitensprünge). Je länger er erzählte, desto fantastischer wurde er. Ich hörte interessiert zu, hörte ab und zu auch ein Klirren im Hintergrund und fragte, ob er Rotwein trinken würde. Was er nach kurzem Schweigen bestätigte.

Erst kürzlich bin ich einem Kollegen begegnet, der diesen Mann persönlich kannte. Er berichtete, dass aus dem genialen Produkt nichts geworden war. Aber, so erzählte mein Kollege weiter, er wohnt weiterhin in einer Penthousewohnung am See und fährt noch immer einen Jaguar. Der Mann weiß sich darzustellen und legt jeden herein.

Die Macht der Gewohnheit

Venus als Herrscher des Zeichens Stier ist Garant für Sicherheit, und die außerordentliche Regelmäßigkeit des Venus-Zyklus entspricht der Neigung der Venus, Gewohnheiten und Bequemlichkeiten zu verfallen, «hängen zu bleiben». Bei der Konjunktion werden diese Gepflogenheiten auf dem Altar geopfert, um Neuem Platz zu machen.

Im Juni 2000, bei der Konjunktion zwischen Sonne und Venus in Zwillinge, rief mich ein Mann an, der frisch geschieden war. Er hatte mit seiner Exfrau vereinbart, dass die gemeinsa-

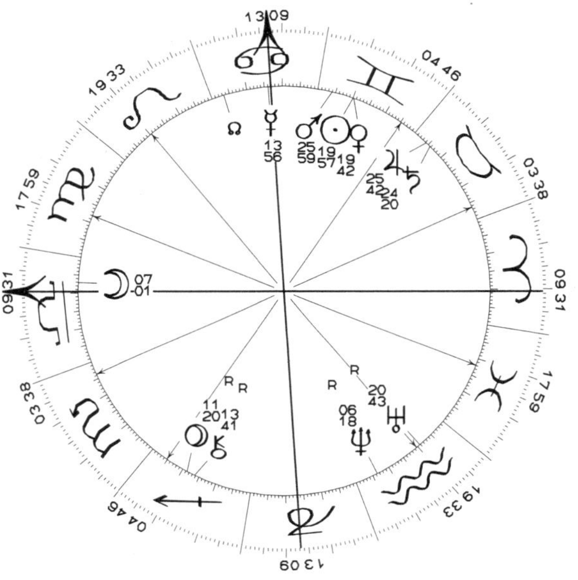

Abb. 63: 10. Juni 2000 AD, 14:50:01

me Tochter drei Tage die Woche bei ihm wohnen sollte. Die Exfrau, die anfänglich in unmittelbarer Nähe wohnte, hatte ihm jetzt plötzlich eröffnet, dass sie von Kopenhagen wegziehen würde, um in einer anderen Stadt (40 Minuten Zugfahrt entfernt) zu wohnen.

Der Vater meinte jetzt, er würde die Tochter nicht mehr sehen können, denn weder er noch die Mutter hätten die Möglichkeit, die Tochter hin- und herzubegleiten. «Und jetzt wird sie lieber bei der Mutter wohnen, denn dort bekommt sie jede Menge Eis und Schokolade und darf selbst entscheiden, wann Bettzeit ist.» Er, der Vater, wollte jetzt seinen Anwalt einschalten.

Ich fragte ihn, warum ein zehnjähriges Mädchen nicht ohne Begleitung mit dem Zug reisen könne, ob er nicht selbst in dem Alter schon allein unterwegs gewesen sei. Offenbar war er (hier durch Venus vertreten) völlig in seinem gewohnten Denkmuster gefangen, hatte einfach die «Gluckenphilosophie» der Mutter übernommen. Es fiel ihm ein, dass er als Zehnjähriger oft allein gereist war. (Das Mädchen war erst vor kurzem an der ersten Mondknotenstation, der «Vertreibung aus dem Paradies» (siehe Kapitel «Drachenkopf und Drachenschwanz – die Mondknoten»).

Rollenverteilung

Die Geschichte hatte ein Happy End (Sonne und Venus liefen ins Trigon zu Uranus). Er fragte die Tochter, nicht die Mutter, und setzte damit die «Bestechungs- und Klammeraffenstrategie» der Mutter außer Kraft. Er veränderte seine Haltung zur Exfrau und zur Tochter und hörte damit auf, die Tochter in der Rolle des Kleinkinds festzuhalten. Sie hat inzwischen Selbstvertrauen und Selbstwertgefühl entwickelt.

Die Rollenverteilung mit anderen Menschen, sowohl zu Hause als auch «draußen», entwickelt sich als Folge des eigenen Verhaltens. Insbesondere wenn Venus sich anschickt, rückläufig zu werden, ist es immer eine gute Idee, das eigene Verhalten unter die Lupe zu nehmen. Vor allem dann, wenn man mit dem Partner und der Beziehung unzufrieden ist. Derjenige der Partner, der seinen Stil, sein Verhalten ändert, bricht mit den Routinen und Gewohnheiten, somit verschieben sich das Gleichgewicht (Waage) und die Rollen. Dies allerdings ist nicht ganz ungefährlich. Veränderungen schaffen Unsicherheit (Stier). Man weiß, was man hat, jedoch nicht, was man bekommt.

Einer der Zuhörer, der an unserem Vortrag zu diesem Thema teilnahm, hatte später per E-Mail berichtet, dass er eine Woche nach der Veranstaltung, an dem Tag, als Venus rückläufig geworden war, eine Abmagerungskur begonnen und an die zwanzig Kilo abgenommen hatte. Das perfekte Timing für so ein Vorhaben! Er hatte sich mit der Venus synchronisiert: Venus rückläufig = den Konsum reduzieren. Weniger essen, weniger Gewicht: Ein klarer «Beweis» dafür, dass Venus in Stier und in Waage herrscht.

Identität

Sonne/Venus-Konjunktionen gehen oft mit Veränderungen in Stil und Aussehen einher, oft wird in ihrem Zusammenhang der Begriff «Identität» erwähnt. Wenn man vom Partner, von einem Kind oder von einer Gruppe von Menschen getrennt wird, verschwindet ein Aspekt der gesellschaftlichen Identität. Ich bin nicht mehr «Mutter», «Frau Ministerpräsident» oder «in der Fußballmannschaft». Fragen zu Selbstwert und Marktwert tauchen auf. Vielleicht entdeckt man erst die Leere oder gegebenenfalls den Wert dessen, was man hatte, wenn es schon zu spät ist.

Integration

Wie schon erwähnt, gehen alle Konjunktionen mit der Sonne mit der Integration von Persönlichkeitsanteilen einher. Im Vielfaltszeichen Zwillinge ist dies ein recht differenzierter Prozess:

«Die einzelnen Persönlichkeiten unter einen Hut zu bringen? Ja, damit habe ich zurzeit wirklich Probleme. Mein Auto hat gerade den Geist aufgegeben (Venus verbrannt). Und ich kann mich nicht für ein neues entscheiden. In mir sind ganz verschiedene Frauen mit ganz verschiedenen Bedürfnissen.» Die Frau, die das sagte, holte ihr Tagebuch und las vor:

«Am liebsten möchte ich einen Jeep. Er passt zu meinem Hobby als Tochter eines Jägers, die mit ihren Hunden unterwegs ist. Das Problem ist, dass er zu teuer ist, nicht so schnell fährt, wie ich es gerne hätte. Und er ist unpraktisch beim Parken.

Meine innere Sophia Loren liebt reiche Männer, Cocktails

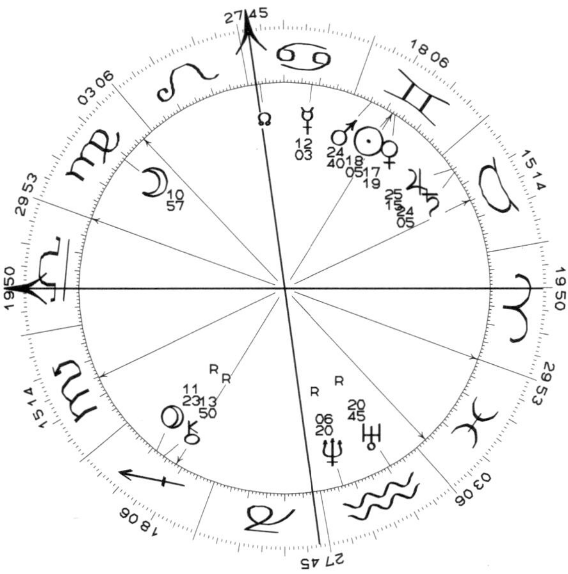

Abb. 64: 8. Juni 2000 AD, 16:00:00

und Highlife, hier bin ich meine Mutter vor 30 Jahren und hätte gern einen großen Amerikaner, so ein richtiges Schiff.

Der BMW Z3 in Rot, Dunkelblau oder Silber entspricht meinem Sex-Ego mit Pelz, hohen Schuhen, kurzen Kleidern, weitem Dekolleté und delikater Unterwäsche, Make-up und Parfum. Der alte Mercedes in Cremeweiß mit Holz und Leder entspricht meinem Selbstbild als erfolgreicher Künstlerin und berühmter Architektin, die es sich erlauben kann, sich über Normen hinwegzusetzen – nur bin ich leider noch nicht so weit.

Der Audi A3, der Brave, passt zu meinem Business-Outfit. Effektiv, intelligent, professionell. Geld, Prestige, exklusive Visitenkarte, Macht und Ansehen – das passt auch gut zu meiner Arbeitssituation.»

Sie entschied sich übrigens ein paar Wochen später für den Audi.

1997	2. April	♀☌☉ 13° ♈			
	27. Dez.		♀ r 4° ♒		
1998	16. Jan.			♀r☌☉ 26° ♑	
	5. Feb.				♀d 18½° ♑
1998	30. Okt.	♀☌☉ 6½° ♏			
1999	30. Juli		♀ r 5° ♍		
	20. Aug.			♀r☌☉ 27° ♌	
	11. Sept.				♀d 19° ♌
2000	11. Juni	♀☌☉ 21° ♊			
2001	9. März		♀ r 17½° ♈		
	30. März			♀r☌☉ 9½° ♈	
	20. April				♀d 1½° ♈
2002	14. Jan.	♀☌☉ 24° ♑			
	11. Okt.		♀ r 15½° ♏		
	31. Okt.			♀r☌☉ 8° ♏	
	22. Nov.				♀d 0° ♏
2003	18. Aug.	♀☌☉ 25° ♌			
2004	18. Mai		♀ r 26° ♊		
	8. Juni			♀r☌☉ 17½° ♊	
	30. Juni				♀d 9½° ♊
2005	31. März	♀☌☉ 10½° ♈			
	25. Dez.		♀ r 1½° ♒		
2006	14. Jan.			♀r☌☉ 23½° ♑	
	4. Feb.				♀d 16° ♑
	28. Okt.	♀☌☉ 4° ♏			
2007	28. Juli		♀ r 3° ♍		
	18.Aug.			♀r☌☉ 25° ♌	
	9. Sept.				♀d 16½° ♌

Überblick über die Schleifen und Verbrennungen der ♀ 1997–2007

Mars im Fegefeuer

Am Donnerstag, den 16. September 2004, während der akut «brennenden» Sonne/Mars-Konjunktion, hörte ich in den Nachrichten, dass ein siamesisches Zwillingspaar operiert werden sollte. Die Kinder waren am Schädel zusammengewachsen, man versuchte, sie zu trennen. Es wäre jedoch ein Wunder, wenn sie den Eingriff überlebten. Die Operation war bereits einmal unterbrochen und verschoben worden, als bei einen Kind das Herz aussetzte. Die beiden schwebten zwischen Leben und Tod. Aber egal ob sie sterben oder überleben würden, sie befanden sich im Augenblick zwischen einer gemeinsamen Vergangenheit und einer getrennten Zukunft.

Konjunktionen mit der Sonne markieren einen Phasenwechsel und eine Verwandlung, Halt und Beginn.

Wir interessieren uns für Zwillingsgeburten und haben bemerkt, dass diese häufig bei Konjunktionen mit der Sonne auftreten, vor allem bei Sonne/Mond-(Neumond), Sonne/Merkur- und Sonne/Venus-Konjunktionen. Wenn in der Presse Nachrichten über siamesische Zwillinge kommen, dann oft bei Sonne/Venus-Konjunktionen. Im geschilderten Fall kam die Meldung während einer Sonne/Mars-Konjunktion. Die Zwillinge waren am Kopf zusammengewachsen (der Kopf wird in der Tradition dem Marszeichen Widder zugeordnet), es ging um eine Operation. Mars herrscht über Waffen und Werkzeuge, im Alltag vor allem über Messer.

Die Sonne/Mars-Konjunktion dominierte in diesen Wochen sämtliche Konsultationshoroskope. Nicht selten ist der Klient während einer Sonne/Mars-Konjunktion geboren., so wie mein Privatschüler. Er erzählte mir von seiner Neigung zur Selbstzerstörung: «Ich könnte mir den Schädel mit dem Hammer einschlagen.»

«Allein deine Wortwahl verrät, dass deine Sonne/Mars-Konjunktion am Werk ist.»

Das konnte er nicht sofort nachvollziehen. «Aber die Konjunktion ist doch eine Ressource, es geht um Dynamik, Willen und Initiative. Mein Problem ist meine Venus/Saturn-Konjunktion, sie entspricht meinem fehlenden Selbstwert.» «Aha», sagte ich nur.

Wille, Dynamik und Initiative waren Kräfte, die mit seiner konkreten Wirklichkeit derzeit nichts zu tun hatten. Er wohnte seit zwanzig Jahren in einer kleinen Wohnung in Kopenhagen (die Wohnung gehörte seiner Mutter), obwohl er den starken Wunsch hatte, in der Natur zu leben (Sonne und Mars sind bei ihm in Stier). Er wünschte sich schon lange eine neue Arbeit, «eine kreative und spannende Arbeit», saß aber seit Jahren als Verwaltungsbeamter im Rathaus. Nichts passierte, Mars ergriff keine Initiative.

Ich fragte ihn, wie er auf Angriffe reagiert. «Manchmal gar nicht, dann schleppe ich oft jahrelang Rachegefühle mit mir herum. Manchmal bin ich blind vor Wut und werfe mit Tellern oder Stühlen. Als ich jünger war, kamen die Ausbrüche wohl täglich, heute sind sie eher selten.»

Sein Mars funktioniert reaktiv. Aber einen brennenden Einsatz (Mars) für die persönliche Sache (Sonne) – auf keinen Fall!

Konjunktionen mit der Sonne beschreiben psychologisch gesehen Integrationsprozesse, mit der Konjunktion endet und beginnt ein Zyklus. In der Überlieferung heißen Konjunktionen mit der Sonne Verbrennungen: «Alle 500 Jahre wirft sich der Vogel Phönix ins Feuer, wird verbrannt und ersteht aus der Asche zu neuem Leben. Jünger und kraftvoller beginnt er ein neues Leben», heißt es im Mythos. Mein Schüler fokussierte bei seiner Sonne/Mars-Deutung auf eine vermutete, angeborene Fähigkeit oder Eigenschaft. Er ignorierte den ewig wiederkehrenden Sterbe- und Geburtsprozess, das Fegefeuer und die Läuterung, welche den Menschen begleitet, der bei einer Sonne/Mars-Konjunktion geboren wurde.

Wenn am Planetenhimmel Konjunktionen mit der Sonne bevorstehen, steht zunächst einmal der Sterbeprozess im Vordergrund.

So auch in der Tagespresse: Ove Sprogøe (ein sehr bekannter und beliebter dänischer Schauspieler) war in der Nacht vor dem 16. September 2004 gestorben. Eine ganze Epoche im dänischen Kulturleben war damit zu Ende gegangen. Sollte er als Schauspieler wiedergeboren werden, dann wohl kaum in unserer Zeit.

Am selben Tag wurde die Trennung von Prinz Joachim und Prinzessin Alexandra offiziell bekannt gegeben, «die Scheidung sei wahrscheinlich», wie es in der Pressemitteilung aus dem Königshaus hieß. Eine Versöhnung sei unwahrscheinlich. Und dass Prinzessin Alexandra «mit Wut» aus der Ehe ging, war ja keine Erfindung der Journalisten. Sie hätte im Prinzip bereits während der Sonne/Venus-Konjunktion vor drei Monaten gehen können, doch dann wäre wohl eine neue Liebe ihrerseits der Grund gewesen. (Kommentar für Nichtdänen: Prinz Joachim hatte in den letzten Jahren ein recht ausschweifendes Leben geführt mit viel Alkohol, Partys und jungen Frauen. Insider aus den Jetset-Kreisen berichteten über öffentliche Auseinandersetzungen des Prinzenpaares und über die Wut von Prinzessin Alexandra).

Extra wegen einer Sonne/Mars-Konjunktion las ich damals sogar die Sportnachrichten. Eine Reportage hatte den Titel «Fall der Könige» und berichtete: «Sie heißen immer noch Figo, Zidane, Raul, Beckham und Carlos. Doch zurzeit treten sie keineswegs wie funkelnde Sterne der Weltelite auf, sondern wie müde, alte, ausgebrannte Männer ohne Motivation und Engagement. Auf den neuen Trainer wartet die Riesenaufgabe, die Stars zu neuem Leben zu erwecken!»

Die größte Bombe auf der weltpolitischen Bühne aber war

wahrscheinlich die Aussage Kofi Annans im britischen Sender BBC, dass der Krieg in Irak laut UN-Charta gesetzeswidrig sei. Ich weiß nicht, was ihn diese Aussage gekostet hat. Aber ich sehe die Sonne/Mars-Verbindung potenziell als Heldenmut.

Topdog und Underdog

In der zwischenmenschlichen Dynamik treten Sonne/Mars-Verbindungen oft als Beziehungen mit einer starken Machtbalance auf. Dabei hat ein Teil das Sagen, während der andere unterprivilegiert ist, wie dies im Verhältnis zwischen Chef und Angestellten oft der Fall ist. Zwischen diesen beiden besteht ein weit gefährlicheres Konkurrenzverhältnis als beispielsweise zwischen Sonne und Merkur.

Befragt man eine Person, die unter einer Sonne/Mars-Spannung geboren ist, so wird sie wahrscheinlich eine Geschichte von Unterdrückung, Gewalt und handlungslähmender Rivalität erzählen. Der Betreffende wird sich vermutlich als die dominierte, unterdrückte Person, als das Opfer sehen. Doch jede Medaille hat zwei Seiten: Es gibt viele Arten, Macht auszuüben, sogar Krankheit und Opferzustände können als Machtmittel eingesetzt werden.

Während einer Sonne/Mars-Konjunktion, die – durch ein Quadrat zu Pluto in Schütze noch zugespitzt – schon mehrere Wochen die Beratungen geprägt hatte, rief ein völlig verzweifelter Mann an. Er war Bankkaufmann in mittlerer Stellung in einer großen Bank. Er erzählte von den harten Geschäftspraktiken in der Bank: Alles drehte sich darum, die Kunden hereinzulegen, um Umsatz zu machen. Sein Chef fragte täglich nach Zahlen und Quoten. Als Leiter war er gezwungen, auf seine Leute den gleichen Druck auszuüben. Er war in der Hackordnung gefangen. Er fragte, wann er da wegkommen würde, wann er eine neue Stelle finden würde.

Ich hatte ihm schon während eines Gesprächs vor ein paar

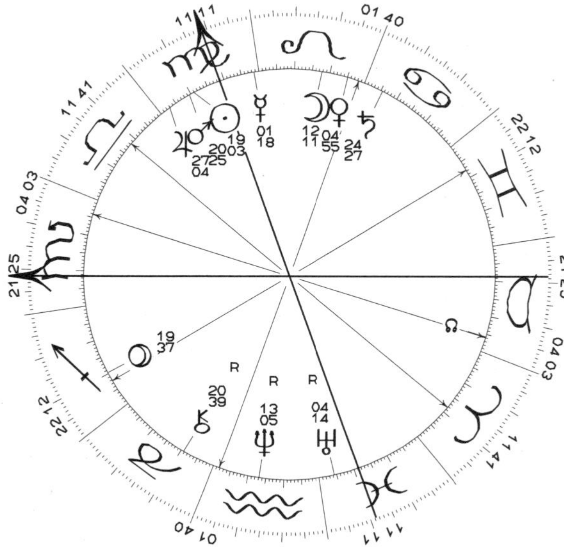

Abb. 65: 11. September 2004 AD, 13:13:00

Monaten gesagt, dass ich keine Lösungen, keine «Fluchtwege» sähe. Er sagte damals rückblickend, offenbar nicht im Ernst, dass er bereit wäre, «etwas völlig anderes zu tun», und ich soll ihm vorgeschlagen haben, als Übergangslösung Taxi zu fahren. (Ich erinnere mich nicht mehr an die Konstellation, vermutlich war es irgendetwas mit dem Zeichen Zwillinge.)

Er hatte also weiterhin Jobs innerhalb seiner Branche gesucht, an die fünfzig Bewerbungen hätte er inzwischen geschrieben, sagte er. Gleichzeitig «krampfte» er weiter, machte jeden Abend Überstunden, um seine Zielvorgaben zu erreichen.

«Sie sagten mir damals, es würde wohl noch schlimmer werden müssen, bevor ich einsehen würde, dass es genug ist. Jetzt ist es so weit. Es ist schlimm genug.»

Ich hatte keine Ahnung, was ich sagen sollte. Ich plauderte mit ihm darüber, wie es so ist in unserem Alter, ein inhaltsreiches Privatleben werde wichtiger als äußerer Erfolg usw. In der Hoffnung, es würde sich irgendetwas melden, erzählte ich ihm, dass mehrere Klienten von mir gerade in seinem Alter den Beruf an den Nagel gehängt hatten nach Südfrankreich ausgewandert waren.

Ich schaute ins Horoskop. Der Mond steht in Löwe in Opposition zu Neptun in der Reise-Achse 3./9. Haus. «Aussteigen» war vielleicht auch sein Traum? Und das Trigon zwischen Mond und Pluto besagte ja, dass er die Ressourcen dazu hatte. (Wenn auch die Pluto-Ressourcen immer zuerst freigesetzt werden müssen!) «Haben Sie schon mal daran gedacht, einfach Ihre Siebensachen zu packen und mit Ihrer Frau eine Kneipe irgendwo im Süden aufzumachen?»

Wenn man den Mond anspricht, entsteht meistens sofort ein Kontakt. Tatsächlich: Genau das war sein Traum, ich hatte ihm aus dem Herzen gesprochen. Er und seine Frau hatten in den letzten Monaten mehrmals darüber gesprochen. Doch sie hatten sich diesen Traum für die Zeit nach seiner Pensionierung vorgestellt – vielleicht. «Wenn Sie so weitermachen, erleben Sie Ihre Pensionierung nicht.»

«Ein Freund von mir, er lebt bereits im Süden, hat letzten Donnerstag angerufen und genau dasselbe gesagt. Er sagte auch, ich solle doch einfach gehen, er wüsste einen Job für mich. Meine Frau könnte später nachkommen, und wir könnten zusammen ein kleines Hotel aufmachen oder eine Frühstückspension. Was hindert mich eigentlich daran, die Gelegenheit einfach beim Schopf zu packen?»

Die Gastronomie ist oft beteiligt, wenn Krebs, Löwe und Jungfrau gleichzeitig aktiviert sind.

In Bewegung

Es lohnt sich, die Konjunktion als dynamischen Verlauf zu betrachten, als Stadium in einem Prozess oder einer Bewegung. Dann wird die Konstellation lebendig – mit der Freiheit, sich zu entwickeln. Wenn wir allein den statischen Aspekt als Eigenschaft beachten, können wir zwar, wenn wir Glück haben, ein psychologisches Profil zu einer gegebenen Zeit beschreiben, sehen aber über die entwicklungspsychologische Dimension hinweg. Aber wir Menschen sind immer unterwegs – wie die Planeten.

Man sollte immer beachten, ob die Konjunktion zunehmend, exakt oder abnehmend ist. Es ist ja immerhin ein Unterschied, ob man die Gefahr kommen sieht, sich mitten in der Explosion befindet oder gerade noch mit einem blauen Auge davon gekommen ist!

Drachenkopf und Drachenschwanz – die Mondknoten

Steht eine Sonnenfinsternis (mit oder ohne begleitende Mondfinsternis) bevor, wirft sie bereits Wochen vorher ihren Schatten über sämtliche Konsultationshoroskope. Dort, wo die Finsternis stattfindet, liegt immer ein wichtiger Schwerpunkt. Die aktuellen Sonnenfinsternisgrade – im Jahr 2005 auf 19 Grad Widder und 10 Grad Waage – treten immer wieder in den Konsultationshoroskopen auf, entweder am Aszendenten oder am MC. Ist dies der Fall, kann man dem Klienten getrost sagen: «Es sieht so aus, als ob die erste Hälfte des Monats April eine entscheidende Kehrtwendung brächte.» Oder: «Sie können damit rechnen, dass die erste Oktoberwoche ein Knackpunkt ist.»

Die Mondknoten und Finsternisse verdienten mit ihren mythischen, existenziellen und spirituellen Dimensionen ein eigenes Buch.

Vor einigen Jahren erhielt ich eine E-Mail von einem – mir persönlich nicht bekannten – Kollegen. Er bat mich, ihm «kurz» über die Bedeutung der Mondknoten zu berichten, stellte aber auch ein paar spezifische Fragen. Hier meine Antwort – in leicht überarbeiteter Fassung:

Lieber Kollege,

grundsätzlich verbinden wir die Mondknoten mit den Finsternissen, sodass sich die Grunddeutung immer im weitesten Sinne auf *sichtbar/unsichtbar, öffnen/schließen, verschwinden/erscheinen* bezieht. Nur, in der Praxis bieten sich für die Deu-

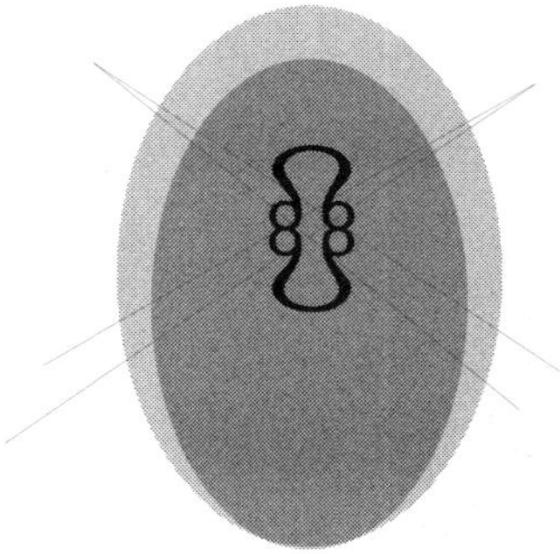

Abb. 66

tung unendlich verschiedene Varianten an, je nachdem, wonach gefragt wird.

Funktionell gesehen sind die beiden Knoten, «Rahu», der nördliche, und «Ketu», der südliche, gleichgestellt. Beide bringen Finsternisse, «schlucken die Sonne und den Mond und spucken sie wieder aus», wie es die Inder ausdrücken. Beide haben einen «Inside-out-upside-down»-Effekt, sie «stellen die Frage auf den Kopf».

Dies zeigt sich alle vierzehn Tage, wenn der Mond in Konjunktion mit einem der Knoten steht. In der Praxis sagen wir dazu «Perspektivenwechsel», «es wird umgekehrt», «du wirst das ganz anders sehen». Oder wenn beispielsweise Mars dabei ist: «Du musst den Spieß umdrehen» (s. Abb. 67).

Die Inder sagen, Rahu sei «unendlich groß», Ketu «unendlich klein». Und tatsächlich scheint Ketu vor allem dann aufzutreten, wenn es ums Verschwinden geht. Mein Mann und ich wurden über die Jahre hinweg mehrmals über das Befinden von verschwundenen Personen befragt. Stand dabei Ketu am Aszendenten, was leider ab und zu der Fall war, wurde die Person später tot oder gar nicht aufgefunden. Generell gilt für uns die Regel, dass sich, wenn Ketu auf dem Aszendenten steht, die Frage im «Nichts» auflöst oder dass der/die Betreffende einfach machtlos ist, «mit leeren Händen» dasteht. «Leichenklei-

Abb. 67

der haben keine Taschen», wie es Johan einmal während eines Seminars ausdrückte. Es handelte sich um eine Erbschaftsfrage, und der Fragende ging dabei tatsächlich leer aus. Ketu stand am Aszendenten im Zeichen Steinbock.

Umgekehrt scheint Rahu auf dem Aszendenten mit einer Gier oder Unersättlichkeit des Fragenden einherzugehen. Rahu ist ja der Drachenkopf mit dem immer offenen Schlund, und bei dieser Konstellation lohnt es sich, zu untersuchen, ob der Betreffende an Fress-Sucht leidet. Ich meine, in der kommenden Zeit. Rahu steht ja zurzeit im Zeichen Stier.

«Eingang/Ausgang» und «alternierend» sind weitere brauchbare Begriffe. Die MC/IC-Achse hat ja mit Standort und Bedingungen zu tun. Und oft werden die Voraussetzungen «auf den Kopf gestellt», wenn sich die Knoten exakt auf dem MC und dem IC befinden.

Ein Beispiel: Ketu stand am MC in Waage, Rahu mit dem Mond am IC in Widder, der Aszendent entsprechend in Schütze. Die Klientin wurde damals in der katholischen Glaubensgemeinschaft aufgenommen, sie ist lutherisch getauft. Zur Vorgeschichte gehört, dass ihr Vater Däne, ihre Mutter Italienerin ist. «Ich fühlte mich immer zweigeteilt», erzählte sie. «In meinem Kopf, meinem Verstand, bin ich Nordeuropäerin, in meinem Bauch, meinem Gefühl, aber Südeuropäerin» (Drachenkopf

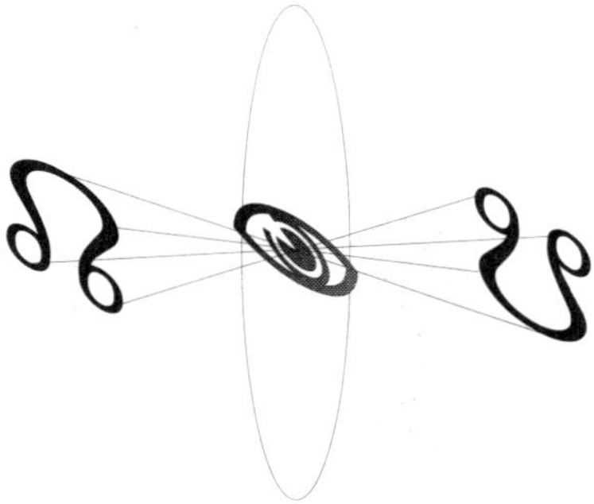

Abb. 68

und Drachenschwanz!). Die Frau war genau 28 Jahre alt, befand sich also exakt an einer Mondknotenstation.

Rudolf Steiner verbindet in seiner Pädagogik den Mondknoten-Zyklus, neun Jahre und vier Monate, mit der Vertreibung aus dem Paradies.

«Da sprach das Weib zu der Schlange: Wir essen von den Früchten der Bäume im Garten, aber von den Früchten des Baumes mitten im Garten hat Gott gesagt: Esset nicht davon, rühret sie nicht an, dass ihr nicht sterbet.

Da sprach die Schlange zum Weibe: Ihr werdet keineswegs des Todes sterben, sondern Gott weiß: An dem Tag, da ihr davon esset, werden eure Augen aufgetan, und ihr werdet sein wie Gott und wissen, was gut und böse ist.

Und das Weib sah, dass von dem Baum gut zu essen wäre und dass er eine Lust für die Augen wäre und verlockend, weil er klug machte. Und sie nahm von der Frucht und aß und gab ihrem Mann, der bei ihr war, auch davon, und er aß.

Da wurden ihnen beiden die Augen aufgetan, und sie wurden gewahr, dass sie nackt waren, und flochten Feigenblätter zusammen und machten sich Schurze.»[7]

Die Mondknoten haben mit «Einweihung», «Einsicht» und

7 Aus Luthers Bibel, 1. Moses 3.

Abb. 69

«Erkenntnis» zu tun, entsprechend treten sie meist dann auf, wenn die Leute plötzlich Brillen tragen (müssen). Übrigens ist es ja auch bemerkenswert, dass die Kobra, die Brillenschlange, an ihrem Hinterkopf das Symbol des Ketu trägt. Auch in Horoskopen, in denen es um Teleskope oder Mikroskope geht (ums Schauen in unsichtbare Welten), «profilieren» sich die Knoten.

Die Sonne in Konjunktion mit einem der Mondknoten zeugt von entscheidenden Ereignissen. Sehr häufig kommen in Sonne/Knoten-Perioden Fragen zur Vaterschaft auf (Vater unsichtbar!). Entweder im Sinne von «Bin ich der Vater?» oder aber «Wer ist mein Vater?».

Sehr häufig sind auch Bypass-Operationen (Sonne = Herz). Die Mondknoten haben nicht nur mit Schlangen, sondern auch mit Tunneln, Rohren und Schläuchen zu tun (mit dem unsichtbaren, geheimnisvollen Innenleben). Während der Sonnenfinsternis im März 1997 im Zeichen Fische (Ozean) holten norwegische Taucher einen riesigen Schatz mit Gold und Edelsteinen aus einem versunkenen Schiff vor der Küste Ecuadors. Bei der Mondfinsternis über Widder/Waage (Krieg und Frieden) Ende September 1996 öffneten in Jerusalem die Israelis den Tunnel zwischen dem jüdischen und arabischen Viertel.

Auch die Planeten unterziehen sich bei ihren Passagen durch die Mondknoten «Umkehrungen». Ich erinnere mich an einen

Fall, als Venus in Konjunktion mit dem Mondknoten stand: Der Betreffende war in Hormonbehandlung und unterzog sich anschließend einer Geschlechtsoperation, «er hat sich umbauen lassen».

Interessant ist, dass die Mondknoten-Achse auch einen «Schleusen-» und «Hokuspokus-Effekt» hat. Ein Planet kann an einem der Knoten verschwinden und – wie durch einen unsichtbaren Tunnel – am anderen wieder auftauchen. Ein Kollege erzählte dazu ein gutes Beispiel: Es drehte sich um ein gestohlenes bzw. verschwundenes Auto. Im Horoskop stand der Signifikator für das Auto in Konjunktion mit dem nördlichen Mondnoten in Jungfrau. Das Auto wurde aber später in einem Fluss gefunden, d. h. im Zeichen gegenüber, beim südlichen Mondknoten in Fische.

Wenn bei Merkur-Mondknoten-Konjunktionen nach verschwundenen Schlüsseln gefragt wird, sollte man in Passagen, zum Beispiel in Eingängen und Ausgängen suchen. Ich hatte auch einmal einen Fall, wo der Schlüssel beim Schalthebel im Auto gefunden wurde. Die Mondknoten sind Schaltstellen, auch in Bezug auf das Bewusstsein.

Womit wir so gut wie keine Erfahrungen haben, ist die Kombination, nach der Sie auch fragen, nämlich wenn der Mondknoten die gleiche Gradzahl wie ein Planet hat. Die Konjunktionen und Oppositionen haben, wie aus dem Vorigen hervorgeht, Priorität. Wir beachten auch immer die Quadrate und ihre Themen, lassen aber die kleineren Aspekte meist außer Acht.

Heute Abend, als ich Ihre E-Mail öffnete, stand Mond in Löwe im Quadrat zu den Mondknoten.

Eine junge Frau meldete sich per E-Mail. Sie ist 23 ½ Jahre alt, befand sich auf Reisen, zurzeit in Australien.

Ich stellte, wie immer, das Fragehoroskop auf für den Ort, wo sie sich befand, und für den Zeitpunkt, wo ich ihre Frage verstehe. Die Hauptachsen sind alle in beweglichen Zeichen.

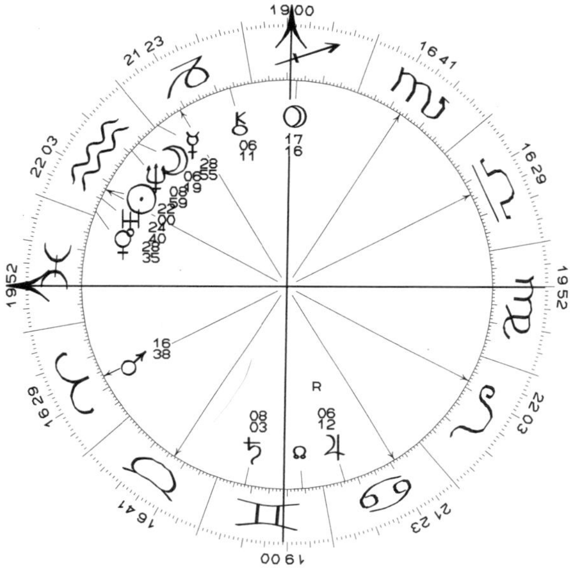

Abb. 70: 10. Februar 2002 AD, 22:44:08

Das Zeichen Fische (eines der beiden Doppelzeichen!) ist am Aszendenten.

Pluto war kurz zuvor in Kulmination am MC, ein sicheres Zeichen dafür, dass ein umwälzendes Ereignis unmittelbar vorausgeht. Sie schrieb, sie sei seit wenigen Wochen schwanger. Der Aszendentenherrscher, Jupiter, steht im Mutterschaftszeichen Krebs.

Die Mondknoten stehen kurz vor der Kulmination an der MC/IC-Achse, sie sind die am höchsten und am tiefsten gestellten Punkte, weshalb ihre Funktion im Horoskop dominant ist. Rahu, der Drachenkopf, steht im zweiten Doppelzeichen, den Zwillingen.

Ihre Frage bezog sich auf die Vaterschaft. Zur Wahl standen zwei Ausländer, ein Engländer und ein Holländer. Der Engländer war ihr Freund, der Holländer war ein Unfall, ein «One-

Night-Stand». Sie hoffte natürlich, der Engländer sei der Vater – der Engländer selbst natürlich auch. Ja, sie schrieb, sie sei «überzeugt», dass er der Vater sei. (Warum dann noch fragen?)

Ich zweifle nicht: Die Mondknoten «verblenden» und machen «unsichtbar» (Finsternispunkte). Oft haben sie auch einen «Upside-down-» und «Umkehreffekt». Hier stellen sie das ganze Horoskop auf den Kopf! Der IC liegt sogar dort, wo am kommenden 10. Juni die Sonnenfinsternis stattfinden würde. (In Finsterniszeiten tauchen in meiner Praxis immer wieder Vaterschaftsfragen auf, die Sonne, das Vaterprinzip, ist dann nebulös, verfinstert.)

Mond mit Neptun im 11. Haus (Wünsche und Hoffnungen) sprechen für sich. Die Sonne, die im Fragehoroskop generell die Hauptperson vertritt bzw. die Hauptrolle spielt, ist in Konjunktion mit Uranus und im 12. Haus. Uranus, Neptun und Pluto vertreten als Planeten-Personen immer «Außenseiter», Exoten, seltene Vögel, in der Praxis meistens Leute, die bestenfalls Faszination, aber häufiger Unsicherheit, Panik, Hass oder Abneigung auslösen. Die Sonne/Uranus-Konjunktion ist *nicht* ihr fester Freund.

Mein Problem war, ihr die Sache beizubringen. Ich schrieb ihr, dass ich so eine Frage nicht beantworten könne und wolle. «Denn wenn ich jetzt erzählen würde, der Holländer sei der Vater, wie würde diese Information Ihr Verhältnis zu Ihrem Kind beeinflussen? Welche Gefühle würden Sie ihm vermitteln? Würde es sich ebenso willkommen fühlen wie ein Kind des Engländers?»

Sie hat nicht geantwortet. Kurze Zeit später kehrte sie nach Dänemark zurück. Jupiter, als Herrscher über den Aszendenten ihr Vertreter im Horoskop, stand in Krebs im 4. Haus, er beendete seine Rückläufigkeit, kehrte «zum Ausgangspunkt» zurück.

Am 22. Oktober hat sie ihren Sohn geboren. Seine Sonne steht in 29 ½ Grad Waage, er ist ein Grenzgänger, er steht zwischen Tür und Angel, zwischen Waage und Skorpion. Er (und sein Vater = Sonne) sind im «Niemandsland». Seine Hauptachsen sind dieselben wie im Fragehoroskop.

Sie ist übrigens nicht mehr mit ihrem englischen Freund zusammen. Zur Sicherheit hatte er den Vaterschaftstest machen lassen. Er war nicht der Vater.

Eine «aufgespießte» Sonne

Am Montag, dem 12.09.2005, traf eine Klientin bei mir um 13:08 Uhr ein, acht Minuten nach der vereinbarten Zeit. Die Sonne stand fast exakt am MC, sie war «aufgespießt».

Ich war im Vorfeld gespannt, ob sie vielleicht etwas zu früh oder zu spät kommen würde. Wäre die Sonne kurz vor der Kulmination gewesen, noch ein paar Grade im 10. Haus mit Mars am Deszendenten, hätte das auf zurzeit akute Konfrontationen und unmittelbar bevorstehende Aufgaben in der Karriere und äußeren Zielen hingedeutet. Wäre die Klientin noch später angekommen und die Sonne wäre bereits vom MC «gefallen», wäre sie jetzt dabei gewesen, die vorausgegangenen Ereignisse zu verarbeiten. Vor ihrer Ankunft standen also zwei grundsätzlich verschiedene Möglichkeiten im Raum. Mit der Sonne gradgenau auf dem MC stehen Individuum, Weg, Ziel und innere Identität im Zentrum (Kronenchakra).

Die Sonne steht schon fast exakt im Quadrat zu Pluto in Schütze, es fehlen nur noch zwei Grade – ein radikaler Befreiungsprozess nähert sich seinem Höhepunkt.

Vor der Beratung hatte ich ihr Geburtshoroskop aufgestellt. Mit drei neuen Planeten an den Hauptachsen weist es auf ein außergewöhnliches Leben mit unkonventionellen und abrupten Richtungsänderungen hin. Auch im Geburtsbild steht Skorpion am Aszendenten.

Der aktuelle Uranus-Transit an der Spitze des 4. Hauses in Fische ist an sich schon ein Hinweis auf Aufbruch und Rich-

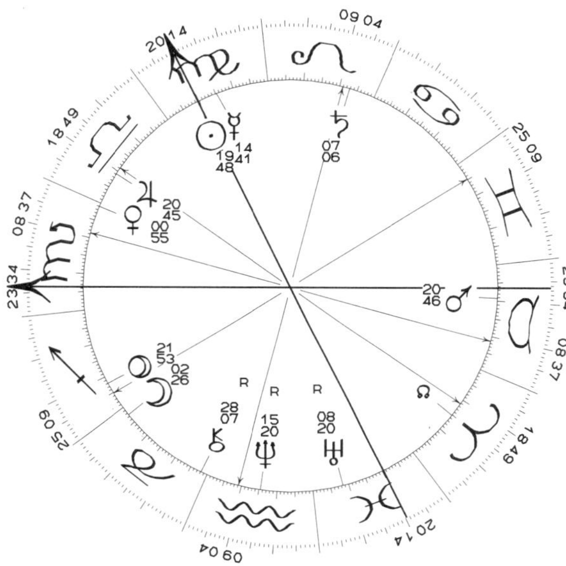

Abb. 71: 12. September 2005 AD, 13:08:00

tungswechsel. Gleichzeitig ist in ihrem progressiven Horoskop der Aszendent im Quadrat zu Pluto. Man muss mit tief greifenden Verwandlungen in Bezug auf Wohnung und Familie, Gesundheit und Karriere, sowie im Verhältnis zu anderen Menschen rechnen.

Das Konsultationshoroskop legt seinen Finger auf die momentan wichtigen Themen. Es finden sich aber auch immer direkte Parallelen zwischen dem Geburts- und dem Konsultationshoroskop. Das Geburtshoroskop ist ein ganzheitliches Bild auf hohem Abstraktionsniveau, das Konsultationshoroskop fokussiert auf die aktuelle konkrete und praktische Lebenssituation.

Die Klientin in unserem Beispiel wird durch den Aszendentenherrscher Mars beschrieben. Als Widder mit Skorpion-As-

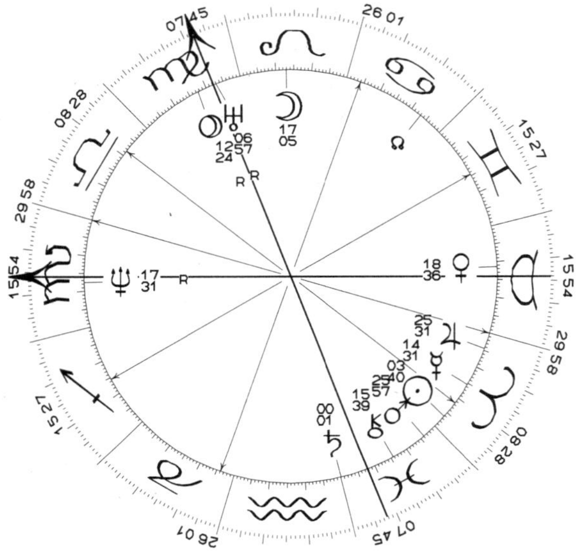

Abb. 72: 23. März 1964 AD, 22:31:35

zendent wird sie ihr Leben lang durchweg mit Mars synchronisiert sein. Sowohl ihr Körperbau als auch die etwas grobe Haut zeugen von einem starken Mars-Einfluss.

Die letzten fünf Jahre hatte sie beim Roten Kreuz gearbeitet, sie hatte vor allem mit Asylanten zu tun. Im Horoskop steht Mars im Exil im 6. Haus und im Quadrat zu Neptun (Arbeit unter Fremdeinflüssen).

Mars ist um ein paar Grade vom Deszendenten ins 6. Haus gefallen, ein Hinweis darauf, dass vor kurzem «etwas» passiert ist und dass sie jetzt dabei ist, sich aus der Schusslinie zu ziehen.

Es stellte sich heraus, dass die vergangenen Jahre extrem belastend waren. Das Mars/Neptun-Quadrat erzählt einerseits von der Arbeit mit Flüchtlingen, beschreibt aber gleichzeitig die Verhältnisse, mit denen sie sich dabei abfinden musste. Sie war erschöpft und frustriert über die Bedingungen, die den Flüchtlingen geboten wurden. Ihre Vorstellungen von Ethik und Mitmenschlichkeit in den humanitären Hilfsorganisationen haben sich als Illusion erwiesen (Neptun in Wassermann). Typisch für eine Exil-Situation ist, dass man auf die Tagesordnung und die Spielregeln keinen Einfluss hat. Mars im Exil beschreibt ihre Situation präzise. Doch das eine ist ihre praktische Lebenssituation, das andere ist sie selbst. Die Sonne am MC beschreibt sie «von innen».

Sie stand vor der Abreise nach Grönland, wo sie den Winter allein in einer Hütte weit oben an der Küste verbringen wollte!

Da sie im fernen Ausland geboren und ihr Leben lang viel gereist ist, waren Reisen für sie nichts Dramatisches. Doch so lange isoliert zu leben, ist schon extrem und entspricht dem Pluto-Quadrat im Zeichen Schütze in Kombination mit ihrer Geburtssonne: Widder ist das Land der Pioniere, der Auswanderer und Neusiedler, es ist das Zeichen des ersten Spatenstichs.

Freunde und Bekannte machten sich Sorgen und versuchten, sie vom ihrem Vorhaben abzuhalten, sie betrachteten ihren Entschluss als Flucht. Doch in Schütze handelt es sich um Freiheit, und Jungfrau ist lernbereit und auf realistische Art und Weise anpassungsfähig. Mit der Sonne am MC ist klar, dass Existenz und innere Identität ihre Leitmotive sind.

Als ich ihr die momentan aktuellen Themen schilderte, fühlte sie sich erleichtert und verstanden und begann allmählich zu erzählen. Als Handleser hatte ich bereits ihre stark introvertierte Seite bemerkt, wie auch ihre Verletzlichkeit, die – der robusten Erscheinung zum Trotz – ausgeprägt war. Ihre Umgebung verstand ihren Individualismus und ihre Introvertiertheit nicht – und machte sich Sorgen. Sie fühlte sich sehr allein (Sonne aufgespießt). Die Beschreibung des Horoskops empfand sie jedoch als Legitimierung ihres Wesens und ihrer Entscheidung – und als Aufforderung, ihren individualistischen Weg fortzusetzen. Das Horoskop bestätigte ihre innersten Gedanken und Gefühle. Freunde und Familie mögen die besten Absichten haben, doch sie sind andere Menschen mit anderen Werten und Prioritäten.

Nicht selten hört man unter starken Pluto-Spannungen heraus, dass sich die Leute «unnormal» fühlen. Oft haben sie sogar Angst, «verrückt zu werden», und bemühen sich, ihre Gedanken und Gefühle vor ihrer Umgebung zu verbergen. Grundlegende Vorstellungen und moralische Werte werden angesichts einer größeren Wirklichkeit über Bord geworfen. Pluto setzt frei, was unterdrückt wurde und über lange Zeit hinweg genug Energie sammeln konnte, um endlich durchzubrechen. Pluto markiert den Zeitpunkt, wenn die «kritische Masse» erreicht worden ist und die Kettenreaktion einsetzt.

Starke Uranus-Aspekte tragen kräftig zu «Ausnahmezuständen» bei: Ein Winterhalbjahr in Grönland zu verbringen, wo nur der Schnee und phasenweise der Mond ein bisschen Licht spenden, und dabei nur wenige Tage vor der Abreise einen Besuch beim Astrologen zu vereinbaren, ist ein Zeugnis von Uranus plötzlichen und außergewöhnlichen Einfällen.

Mit zunehmender Einsicht in den «astrologischen Plan» wurden ihr größere Fragen beantwortet, die sie sich im Vorfeld gestellt hatte. Wenn der Klient unter Pluto-Aspekten steht, hat der Astrologe oft die Funktion einer Hebamme. Das neue, hervorbrechende Leben soll willkommen – nicht gefürchtet – sein. Kommen wird es so oder so.

Das Loslassen alter Vorstellungen und Werte erfordert einen tief greifenden Schnitt, einen Schnitt, den die Gewohnheiten nicht so ohne Weiteres akzeptieren. Deshalb ist der Prozess meist zäh.

Die Planeten sollten natürlich nicht für das Schicksal der Klienten verantwortlich gemacht werden. Sie erzählen nur die Geschichte. Und die Klienten können sich nur dann melden, wenn *ihre* Geschichte erzählt wird. Der astrologische Film rollt immer weiter, und eine Filmsequenz wird zum «Öffnungsbild». Dieses Öffnungsbild ist das Fragehoroskop, das Konsultationshoroskop (oder – wie es im Dänischen heißt – das Augenblickshoroskop).

Gegnersuche im Konsultationshoroskop

Mars als Störfaktor

Während eines Aufenthalts im Süden rief mich Eva an, eine Holländerin, die seit über zwanzig Jahren in einem benachbarten Dorf lebte.

Es ging um eine Baugenehmigung und um ihre Beziehung zur Gemeindeverwaltung und zum Bürgermeister. Vor eineinhalb Jahren hatte man ihr mündlich zugesagt, dass sie ein paar alte Ställe renovieren und zu Wohnungen umbauen könne. Doch inzwischen erhielt sie statt der offiziellen Baugenehmigung einen Baustopp und die Aufforderung, das bereits Gebaute abzureißen. Der Bürgermeister berief sich dabei auf irgendein Schreiben aus der Hauptstadt. Daraufhin hatte sie eine Unmenge Papiere ausgefüllt und eingeschickt. Nichts passierte.

«Was ist los, wo liegt der Hund begraben?», fragte sie mich.

Während sie ihr Problem schilderte, stellte ich das Horoskop auf. Es ergab auf den ersten Blick keinen Sinn. Ich versprach, nachzudenken und sie am kommenden Samstag zu besuchen.

Der Aszendent ist in Steinbock. Sie ist alleinstehend, ihr Mann war vor einigen Jahren verstorben. Der Herrscher, Saturn, ist in Opposition zu Pluto (der «Twin-Tower-Aspekt» = Abriss?). Der Mond steht in Löwe im 8. Haus, im Quadrat zu Sonne und Merkur in Skorpion und in Opposition zu den Planeten in Wassermann.

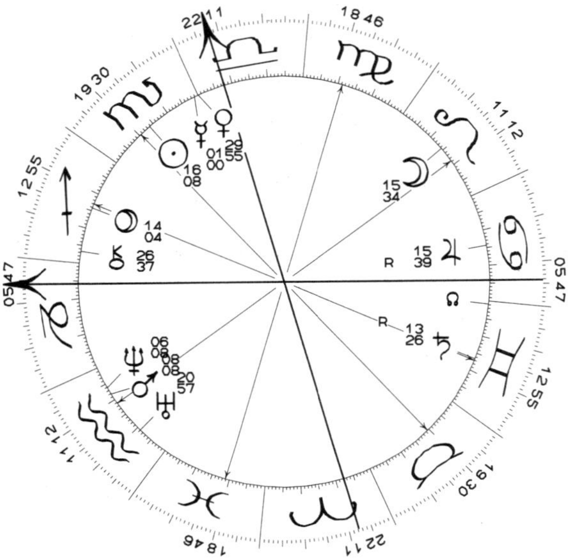

Abb. 73: 8. November 2001 AD, 11:23:00

Der Grund, warum ich das Horoskop nicht sofort verstand, lag vor allem an der Dominanz der Zeichen Löwe und Skorpion. Ihr Problem bezog sich offensichtlich auf Bürokratie, Regeln, Behörden und Papierkrieg. Probleme mit Behörden zeigen sich zwar immer im 8. Haus, doch normalerweise bringen Löwe/Skorpion-Quadrate emotionale Themen wie «Leben und Tod», «Liebe und Hass», «Jetzt oder nie». Wenn sich gefühlsbetonte Planeten, in diesem Fall Sonne und Mond, im Spannungsfeld Löwe/Skorpion aufhalten, sind die Gefühle normalerweise am Siedepunkt und von mehr oder weniger gewaltsamen, dramatischen und selbstinszenierten Auftritten begleitet (vgl. das Scheidungshoroskop im Kapitel «Venus kehrt zurück»). Rachegefühle aufgrund von persönlichen Niederlagen sind häufig, und wenn Mars mitspielt, kommen auch Morddrohungen vor.

In diesem Horoskop wird das Quadrat zwischen Löwe und Skorpion durch die Spannung aus Wassermann verstärkt. Wassermann ist ein mentales Zeichen und bringt in der Regel eine Überwachung, eine Kontrolle oder Unterdrückung der Emotionen im Spannungsfeld Löwe/ Skorpion mit sich. Im Idealfall werden die Gefühle unter Wassermann-Einfluss «kultiviert» oder «humanisiert» und «einer höheren Sache» untergeordnet. Doch in der Praxis sieht man dieses Dreieck häufig bei Lobby-Aktivitäten, wo es darum geht, Beziehungen für persönliche Interessen einzusetzen, und wo die Betreffenden möglicherweise bereit sind, über Leichen zu gehen. Typisch sind dabei Vertrauensbrüche, das Preisgeben von vertraulichem Wissen und Verfolgungen bestimmter Personen oder Gruppen im Namen irgendeiner Ideologie. Ein Blick in die Zeitung spricht Bände, wenn die Kombination Löwe/Skorpion/Wassermann aktiv ist. Schmutzige Wäsche wird gewaschen, um eigene Interessen zu wahren.

Als ich am Samstag bei Eva ankam, hatte ich nach wie vor keine Ahnung, worum es «wirklich» ging. Ich konnte ihr nur sagen, dass irgendwie persönliche Interessen (Löwe/ Wassermann) unterschwellig (Skorpion) im Spiel seien. Dabei dachte ich auch an Jupiter im Wohnungs- und Familienzeichen Krebs im 7. Haus (Partner und Gegner). Konnte es sich hier um ihren verstorbenen Mann handeln, der «zurückkam» (Jupiter ist rückläufig) und sich, aus welchem Grund auch immer, dem Bau widersetzte?

Ich fragte vorsichtig nach, denn es gehört nicht zu meinem Arbeitsalltag, über Verstorbene und Gespenster zu sprechen. Obschon sie offenbar mit Phänomenen «aus der geistigen Welt» vertraut war, deutete nichts darauf hin, dass ihr Mann oder sein Geist mit der Sache zu tun hätte. Eine Sackgasse. Wir mussten weitersuchen.

Wenn man einen Störfaktor oder Bösewicht sucht, kann man die Aufmerksamkeit immer auf Mars richten. Er steht hier mit Neptun im 1. Haus, noch ganz in der Nähe des 2. Hauses. Der

Repräsentant für Mars musste sich also in ihrer unmittelbaren Nähe oder auf ihrem Territorium befinden. Dabei musste es sich um eine nahe stehende Person handeln (Familienmitglieder gehören ins 2. Haus), hier hält sich auch ein «Fremder», nämlich Uranus, auf (siehe Kapitel «Alte und neue Planeten») und Wassermann weist auf «nicht Blutsverwandte», auf «Verschwägerte» oder «Adoptionsverhältnisse» hin.

Sie erzählte dazu folgende Geschichte: Sie hatte schon seit ihrer Einwanderung ein inniges Verhältnis zur damals vierjährigen Nachbarstochter, Magdalena. Magdalena war ein ungewolltes Kind, und die Mutter konnte es nicht leiden. Es entwickelte sich eine Mutter-Kind-Beziehung zwischen meiner Klientin Eva und Magdalena. Das Mädchen wohnte inzwischen bei ihr, sie hatte ihm die Ausbildung finanziert und es in ihrem Testament als Erbin eingesetzt. Die mittlerweile erwachsene junge Frau litt seit einiger Zeit an einer unheilbaren Krankheit, und man befürchtete, dass sie nicht mehr lange leben würde.

Es war nicht überraschend, dass die Mutter ein ambivalentes Verhältnis zu meiner Klientin hatte. Vordergründig gab sie sich freundlich und entgegenkommend, durch die Jahre hatte sie sich aber gelegentlich auch von ihrer intriganten Seite gezeigt. Unter anderem soll sie im Dorf das Gerücht verbreitet haben, die Holländerin sei eine Hexe.

Jetzt hatte ich Informationen, die das Horoskop zum Leben erweckten. Das 8. Haus hat zwar oft mit Behördengängen zu tun, aber hier handelte es sich wohl eher um Tod und Erbschaft – und Drama (Löwe/Skorpion). Mein Verdacht war: Die Nachbarin wollte Eva ins Grab bringen, bevor die Tochter starb. Dann würde das Erbe nämlich auf die Mutter zurückfallen.

Ich versuchte vorsichtig, meinen Verdacht zu äußern. Eva war sichtlich schockiert. Doch dann erzählte sie, dass in letzter Zeit Merkwürdiges in ihrem Hause geschehen war: Ihre Pflanzen gingen ein, ihre Hunde waren krank, und ich erfuhr außerdem, dass die Nachbarin mit dem Bürgermeister verschwägert war!

Das 7. Haus zeigt, wie man angemessen auf Angriffe reagiert. Jupiter ist rückläufig. Sie könnte zum Beispiel einen Spiegel auf der Hausseite zur Nachbarin aufstellen. «Dann kriegt sie ihre bösen Energien zurück.» (Ein alter Feng-Shui-Trick. Wir hatten ihn selbst vor Jahren angewendet, als wir von einem Nachbarn verleumdet wurden. Er funktionierte umgehend: Der Nachbar hörte auf, uns zu schikanieren, und zog ein halbes Jahr später sogar aus.)

Vier Wochen später begegnete ich Eva in der Stadt. Sie erzählte mir, dass die Nachbarin sich beklagt hätte, in letzter Zeit immer krank zu sein, immer wieder Grippe, Fieber und Kopfschmerzen zu haben. «Dagegen», erzählte Eva weiter, «sind meine Pflanzen und Hunde jetzt wieder fit. Und das Merkwürdigste ist: Jetzt habe ich eineinhalb Jahre lang um die Baugenehmigung gekämpft, und heute früh konnte ich sie beim Bürgermeister abholen.»

Mars und Merkur sind im Konsultationshoroskop im Quadrat. Wir nennen die Merkur/Mars-Verbindung den «Banditenaspekt», weil tatsächlich immer Banditen im Spiel sind. Der Klient ist eher selten der Bandit, sondern häufig das Opfer. Manchmal muss er aber zu Banditenstrategien greifen, um sich zu behaupten.

Merkur als Gegner

Am 20.5.2003 rief ein junger Mann an. Er und ein Freund waren Besitzer eines recht speziellen Kanus. Sie hatten dieses Kanu in die Werkstatt gebracht, denn es gab ein paar Kleinigkeiten auszubessern.

Jetzt hatte der Inhaber der Werkstatt ihm mitgeteilt, dass das Kanu gestohlen worden war (es stellte sich heraus, dass er alle Kanus draußen im Garten abstellte). Er hatte meinen Klienten und seinen Freund aufgefordert, den Diebstahl ihrer Versicherung zu melden.

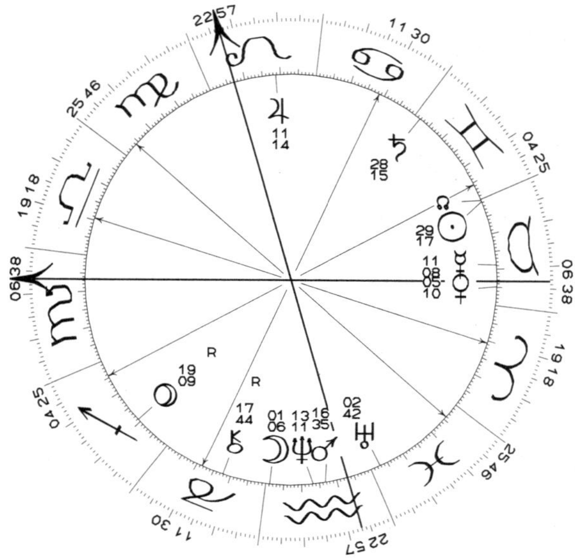

Abb. 74: 20. Mai 2003 AD, 18:59:00

Die beiden waren sehr aufgebracht, da es sich ja um ein Boot handelte, das sich nicht ohne Weiteres ersetzen ließ.

Seine Frage lautete ganz einfach: «Wo finden wir unser Kanu wieder?»

In diesem Horoskop steht Merkur dominant am Deszendenten. Eine klassische Regel der Stundenastrologie besagt, Diebe und unbekannte Personen seien im 7. Haus zu suchen. Generell befinden sich aber auch Partner und Verhandlungspartner im 7. Haus. Aus anderen Fragehoroskopen wusste ich, dass Merkur zu dieser Zeit Menschen vertrat, die «in die Enge getrieben sind». Denn Merkur war stationär und war zuvor rückläufig gewesen. Während seiner Vor- und Rückläufigkeit stand er in Spannung zu Mars und Neptun (Merkur/Mars-Verbindungen sind oft Verbrecher) und stand jetzt im Quadrat zu Jupiter.

Da Mars hier den Fragesteller vertritt (Aszendentenherrscher) und Mars mit Merkur in Kontakt steht (Quadrat), setzte ich voraus, dass er den Dieb kannte, und mein Verdacht richtete sich sofort auf den Werkstattinhaber selbst.

Ich fragte den jungen Mann, welchen Eindruck er von ihm habe. «Ja, eigentlich einen guten Eindruck», sagte er, «er ist freundlich und kommunikativ».

Ich sagte, dass der Schlüssel des Rätsels meines Erachtens beim Inhaber liegen würde, und forderte die beiden auf, sich ein bisschen in der Nachbarschaft über ihn zu informieren. Ich sah es als hoffnungslos an, nach dem Boot zu suchen, obwohl ich vermutete, dass es in der relativen Nachbarschaft zu finden war (Mond im 3. Haus).

Meine Theorie war, dass «Merkur» das Kanu an eine andere Person, die er gut kannte, abgegeben hatte. Und zwar an Venus, die hier ebenfalls in Konjunktion mit Merkur steht. Die Venus ist ja Herrscher des 7. Hauses und deshalb Vertreterin für den Dieb.

Allerdings steht Venus im eigenen Zeichen und hat somit astrologisch gesehen «Würde», sie ist irgendwie im Recht. Deshalb vermutete ich, dass Merkur das Kanu an Venus gegeben hatte, um eine Schuld auszugleichen.

Die beiden jungen Männer «schnüffelten herum» und ließen sich vor allem bei der Konkurrenz informieren. Dabei erfuhren sie, dass «Merkur» als Gauner galt, aber nie wirklich ertappt wurde.

Sie meldeten zwar den Diebstahl bei ihrer Versicherungsgesellschaft, wandten sich aber zudem an einen Anwalt. Sie wollten «Merkur» unter Druck setzen, weil er das Kanu unbeaufsichtigt im Freien liegen lassen hatte.

Der Anwalt schrieb jetzt einen Brief an «Merkur», in dem er ihn aufforderte, den Wert des Kanus zu bezahlen – wie auch die Anwaltskosten der jungen Männer. Der Anwalt drohte, bei Nichtbezahlung vor Gericht zu ziehen, was ihn noch viel teurer zu stehen käme.

Am 3. Juli rief «Merkurs» Anwalt den Anwalt des Fragestellers an und teilte mit, dass das Kanu plötzlich gefunden worden sei. Die Besitzer könnten es am nächsten Tag in der Werkstatt abholen. Es befand sich in einwandfreiem Zustand. «Merkur» war nicht zu Hause, er schickte einen Stellvertreter.

Eine Erklärung gab es leider nicht. Der Anwalt des Fragestellers hatte abgeraten, die Sache weiter zu verfolgen.

Ich hatte damals die Hoffnung, das Kanu würde zu den Besitzern zurückkehren. Im Fragehoroskop ist Jupiter Herrscher des 2. Hauses, d. h. Jupiter ist Vertreter für den Besitz. Jupiter läuft in ein Trigon zu Pluto, der im 2. Haus steht. Auch Mars, der Fragesteller selbst, läuft in eine günstige Verbindung zu Pluto. Pluto ist also klassisch gesehen «ein Sammler des Lichts» zwischen dem Besitzer und seinem Eigentum.

Doch das hatte ich den jungen Männern damals nicht erzählt. In der Stundenastrologie vertritt ja das 7. Haus auch den Astrologen. Und ich dachte, wenn ich selbst auch Merkur «bin», habe ich jede Chance, mich hier zu irren.

Horoskopschau bedeutet Zeitschau

Wir befinden uns zu jeder Zeit in einem bestimmten Stadium eines bestimmten Verlaufs. Das Kind befindet sich an seinem ersten Schultag am Anfang seiner Ausbildungszeit, die eine bestimmte, wenn auch noch unbekannte Zahl von Jahren dauern wird. Wir befinden uns mit diesem Manuskript im abschließenden Stadium, am 1. Oktober ist Redaktionsschluss. Ein Geschäftsmann befindet sich auf dem Weg zu einer wichtigen Sitzung und gerät durch einen langen Stau auf der Autobahn in ein kritisches Stadium seiner Reise: Die Frage ist, ob er seinen Termin verpasst.

Gleichzeitig befinden wir uns in bestimmten Stadien vieler Prozesse. Das Kind befindet sich auch in einem wichtigen Stadium des physischen Wachstums, dem Stadium, wo die Milchzähne ausfallen. Wir befinden uns im entscheidenden Stadium einer umfassenden Hausrenovierung, unsere neue Küche ist seit einigen Wochen in Betrieb. Unsere Berufstätigkeit befindet sich allem Anschein nach in einem stabilen Stadium.

Zyklen

Im Horoskop sind wir nicht nur durch die Planeten vertreten, wir sind auch mit den Planeten synchronisiert. Wie oben, so unten, wie im Himmel, so auch auf der Erde. Auch Gegenstände, Prozesse und Verläufe sind mit den Planeten in Synchro-

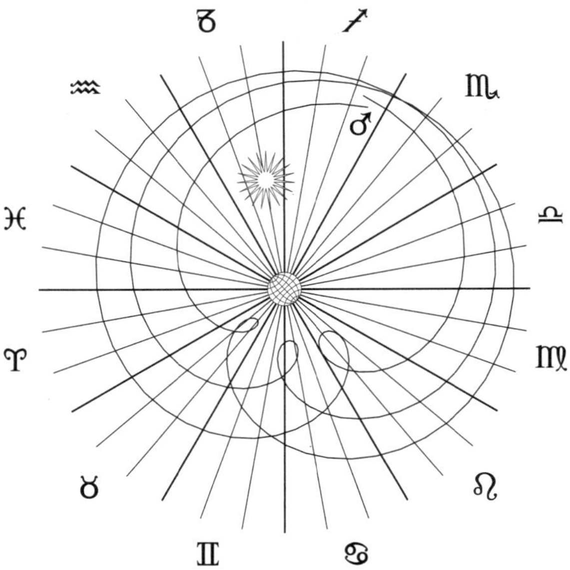

Abb. 65: Mars Januar 2005 bis November 2010

nizität. Die Planeten bewegen sich in Zyklen, in kürzeren und längeren und in integrierten Zyklen. Ihre Revolution um die Sonne bestimmen ihre Perioden der Rückläufigkeit. Mars wird alle 26 Monate rückläufig, Venus alle 19 Monate. Die langsamen Planeten werden einmal jährlich rückläufig, Merkur dreimal jährlich.

Die Stationen der Planeten markieren Stillstände und Wendepunkte und sind zuverlässige Hinweise auf *Dauer*. Haben wir erst die Problemstellung und den (oder die) dafür zuständigen Planeten identifiziert, ist es recht einfach, ein Datum für die Weiterentwicklung der Sache anzugeben, also die Frage «Wann?» zu beantworten. Die Frage «Was passiert?» ist schon weit schwieriger.

In den letzten Jahren wurden uns sehr viele Fragen zu familiären Verpflichtungen und dem Elternhaus gestellt. Saturn hielt sich im Zeichen Krebs auf und war somit eindeutig für diese Fragen zuständig. Egal in welchem Stadium sie gestellt wurden, die Ephemeriden zeigten, dass «Richtungsänderungen» im November 2004 (Saturn wurde am 9. November stationär/rückläufig) und Ende März 2005 (Saturn wurde am 23. März stationär/direktläufig) fällig waren. Die Frage war nur, ob in eine bessere oder eine schlechtere Richtung. Würde dann die alte Mutter mit dem gebrochenen Bein gesund und wieder selbstständig werden oder würde sich ihr Zustand verschlechtern, sodass sie ins Altersheim gehen müsste, oder würde sie gar sterben? Würde das Haus der Eltern im November endlich verkauft werden oder würden sich die Bedingungen verschlechtern, weil Wasserschäden entdeckt werden würden, die zuerst noch behoben werden müssten?

Für dieses Problem gibt es keine einfache Lösung, keine sichere Vorgehensweise. Wir müssen Indizien sammeln und Informationen koordinieren.

Die wichtigste Information liefert die Grundaussage des Frage- bzw. Konsultationshoroskops. Im Fall von Saturn in Krebs (alte Mutter oder Elternhaus) sollte man das 4. Haus und den Herrscher des 4. Hauses sowie dessen künftige Bewegungen näher betrachten wie auch selbstverständlich den Aszendenten und die Bewegungen des Aszendentenherrschers. Dann wird man meistens erfahren, ob die Dinge glatt verlaufen werden oder ob zusätzliche Komplikationen zu erwarten sind. Ein Beispiel: Läuft der Herrscher des 4. Hauses ins Sextil zu Jupiter, ist anzunehmen, dass die Mutter auf dem Besserungsweg ist oder dass der Verkaufswert des Hauses noch steigen wird. Läuft der Aszendentenherrscher ins Quadrat zu Uranus, stehen mit Sicherheit unangenehme Überraschungen bevor.

Zusätzlich «darf» man natürlich jederzeit die Transite und Progressionen des Geburtshoroskops auf weitere Hinweise hin untersuchen!

Bei der Deutung des Konsultationshoroskops ist der Zeithorizont relativ kurz. Was die Zukunft betrifft, gehen wir prak-

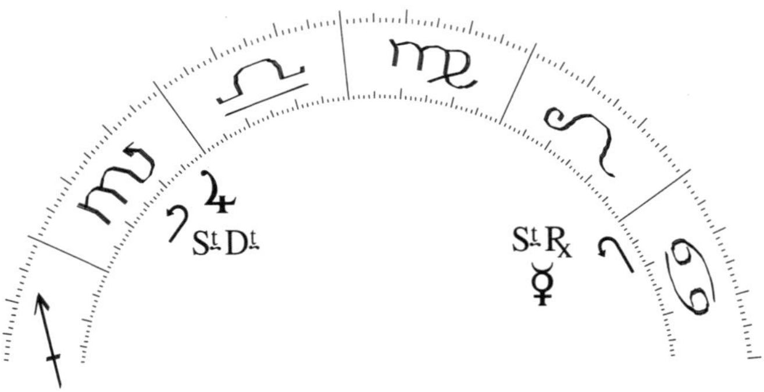

Abb. 76: 5. Juli 2006

tisch nie über ein Jahr hinaus. Normalerweise befassen wir uns auch nur mit der unmittelbaren Vergangenheit, mit den Ereignissen, die der aktuellen Situation unmittelbar vorausgegangen sind. Es kommt jedoch vor, dass wir sehr weit zurückgreifen, um auf Lebensthemen hinzuweisen, auf Kindheitserlebnisse oder auf sich wiederholende Muster. Bei näherer Betrachtung sind sehr viele Krisen Wiederholungen früherer Krisen in neuem Gewand.

Aber wie gesagt, die Stationen der Planeten markieren wichtige Wendepunkte. Das gilt kollektiv, nicht nur für die Ratsuchenden. Man muss nur mit seinen «astrologischen Augen» die Nachrichten in der Zeitung, die Ereignisse am Arbeitsplatz, das Alltagsgeschehen beim Nachbarn oder im eigenen Haus beobachten. Wie oben, so unten, die Planeten lassen immer grüßen. Stark spürbar ist es, wenn zwei oder mehrere Planeten gleichzeitig die Richtung wechseln, so wie beispielsweise Merkur und Mars Anfang Dezember 2005 und Merkur und Jupiter am 5. Juli 2006.

Sehr wichtige zeitliche Hinweise finden wir auch bei Konjunktionen mit der Sonne, beim Beginn und Ende der einzelnen Zyklen (siehe den Kommentar am Ende des Kapitels «Die Identifikation der Akteure»).

Merkur, der Schnelle, eignet sich gut für Kurzzeitprognosen.

Abb. 77

Oft kann man bei der Beratung die Ereignisse allein anhand der Bewegungen Merkurs der kommenden Wochen detailliert beschreiben. Das ist besonders dann von Bedeutung, wenn der Aszendent in den Zeichen Zwillinge oder Jungfrau steht, denn die Herrschaft Merkurs bedeutet unter anderem, dass der Zeithorizont relativ kurz ist.

Wie schon früher bemerkt, sind die Finsterniszeiten, die Sonne/Mond/Mondknoten-Konjunktionen, immer zu beachten (siehe Kapitel «Drachenkopf und Drachenschwanz – die Mondknoten»).

Es würde den Rahmen dieses Buches sprengen, die zyklisch/thematische Zeit sowie die Stadien der Planetenzyklen eingehender zu behandeln. Denn zu diesem spannenden – und umfassenden – Kapitel der Astrologie gehört auch das Studium der Lebensphasen. Und das Alter des Ratsuchenden ist an sich schon ein Rahmen setzender Deutungsfaktor. Spricht eine 35-jährige Person über eine bevorstehende Praxiseröffnung, kann man davon ausgehen, dass er/sie auf der richtigen Spur ist, würde dagegen ein 37-jähriger dasselbe Thema anschneiden, müsste man davon ausgehen, dass es sich um einen Traum handelt. Jedes Lebensjahr hat seine spezifische Qualität und seine spezifische Energie.

Lineare, punktuelle Zeitmessung

Hier noch ein Exkurs zur «punktuellen» Zeitmessung der Stundenastrologie. Die Grundregel heißt: Ein Tierkreisgrad entspricht einer Zeiteinheit, wobei eine Zeiteinheit nach einem ausgeklügelten System je nach Haus und Tierkreiszeichen entweder einem Tag, einer Woche, einem Monat oder einem Jahr entsprechen sollte.

Wie bereits erwähnt, benutzen wir diese Regel häufig in Verbindung mit der Bewegung der MC/IC-Achse, weil sie sich dort in der Praxis bewährt hat. Steht der MC auf 27 Grad, rechnen wir damit, dass in drei Monaten ein Wechsel ansteht (siehe Kapitel «Die Rolle der Planeten an den Hauptachsen»). Normalerweise kann man auch damit rechnen, dass ein Planet x Grade vor Kulmination nach x Monaten «ausgelöst» wird. Dabei kann es durchaus vorkommen, dass es sich *auch* um Tage handelt. Die Überlagerungen der Zeit lassen sich nicht linear definieren, und diese Regeln sind nur Krücken, die wir anwenden, weil unsere Einsicht in die Dimensionen der Zeit fragmentarisch ist.

Mandat

Bevor wir mit der Bestimmung der Zeitqualität beginnen, müssen wir herausfinden, ob es überhaupt etwas zu bestimmen gibt. Fragt jemand, wann er befördert wird, und stellt das Horoskop keine Beförderung in Aussicht, erübrigt sich die Zeitmessung. Und ist der Aszendent «zu früh», sollte man generell die Frage nicht beantworten.

Synchronisierung

Nach dem Motto «Das Schicksal des Planeten ist das Schicksal der Person» ist die Synchronisierung die einfachste und zuverlässigste Form der Zeitbestimmung. Ein Blick in die Ephemeriden genügt.

Nachdem wir herausgefunden haben, welcher Planet für eine bestimmte Person oder Angelegenheit zuständig ist, folgen wir seinen Bewegungen, beachten die Aspekte, die unterwegs gebildet werden, und erzählen die Geschichte. Die Methode ist einfach, aber sie setzt Übung und einen guten Überblick voraus.

Überblick bekommt man, indem man vorausschaut, sich grob darüber orientiert, was im kommenden Jahr am Planetenhimmel geschieht. Wann wird Saturn stationär, rückläufig, direktläufig? Wann Jupiter? Wann erfolgt die nächste Sonne/Venus-, die nächste Sonne/Merkur-Konjunktion?

Übung bekommt man, indem man täglich auf dem Laufenden bleibt, beobachtet, was rundherum geschieht: mit einem selbst, mit den Nachbarn, am Arbeitsplatz, welche Nachrichten die Medien bringen – und dabei die aktuellen Konstellationen im Hinterkopf hat.

Langfristige Prognosen

Für langfristige Prognosen ist primär Saturn zuständig (wobei wir, wie gesagt, selten über ein Jahr hinausgehen), hier geht es typischerweise um strukturelle Veränderungen wie Umzüge und Stellenwechsel. Liegt der Schwerpunkt auf Verbesserungen oder Wachstum, sollte man Jupiter beachten.

Kurzfristige Prognosen

Für kurzfristige Prognosen eignet sich vor allem Merkur. Wenn es sich um Merkur-Angelegenheiten handelt, einen Brief oder eine Bewilligung, die demnächst erwartet wird, wird Transit-Merkur oft die Antwort geben – wiederum vorausgesetzt, wir haben kontrolliert, dass das Papier überhaupt kommt. Steht der

Mond im Horoskop dominant, kann er die Ereignisse der kommenden Tage beschreiben (ein Beispiel ist das Horoskop mit Widder-Aszendent im Kapitel «Der Aszendent und sein Herrscher»). Erst nach Neumond hat sich der Arzt entschlossen, am Kurs teilzunehmen.

Konjunktionen

Treten im Konsultationshoroskop Konjunktionen auf, darf man vermuten, dass die nächste Konjunktion den aktuellen Faden wieder aufnimmt.

Auf in Kürze stattfindende Sonne/Venus-Konjunktionen sollte man vor allem dann achten, wenn die Beratung während einer Sonne/Venus-Konjunktion stattfindet, so wie beispielsweise Anfang Juni 2004, als die Konjunktion am 8. Juni exakt wurde. (Es handelte sich übrigens um eine der äußerst seltenen, so genannten «Passagen», eine «Venusfinsternis».)

Ich besuchte zu dieser Zeit ein junges Paar in Kopenhagen. Sie hatten Eheprobleme, obwohl sie – oder vielleicht gerade *weil*

Abb. 78

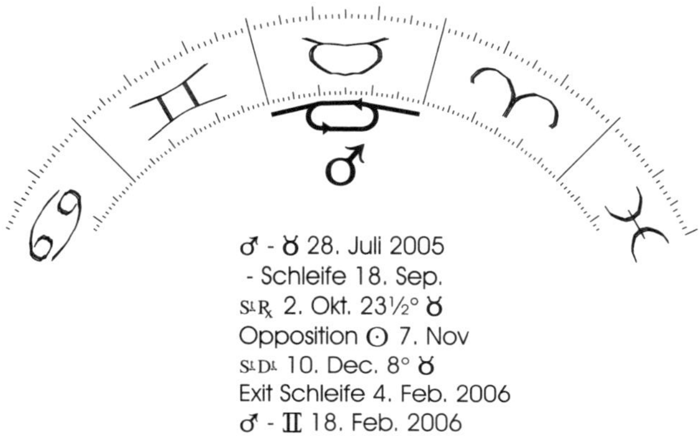

Abb. 79

sie – seit wenigen Tagen ein Baby hatten, eine kleine Tochter mit der Sonne/Venus-Konjunktion im Geburtshoroskop. Ihre Beziehung ging in der folgenden Zeit mal besser, mal schlechter. Ende März 2005, zurzeit der Sonne/Venus-Konjunktion in Widder, trennten sich die beiden – wahrscheinlich endgültig.

Rückläufigkeit

Ist der Herrscher oder der für die Frage zuständige Planet, bei Wohnungsfragen zum Beispiel der Herr des 4. Hauses, rückläufig, zieht sich die Entwicklung immer in die Länge. Mars stand im August 2005 im Stier. Er war zwar noch nicht rückläufig, befand sich aber bereits in seiner Rückläufigkeitsschleife. Und die mit Mars assoziierten Angelegenheiten, also Geldfragen oder örtliche Verhältnisse, wiesen seit Wochen bereits auf den Dezember hin. Mars wurde am 10. Dezember stationär, anschließend direktläufig, der Dezember brachte also einen Wendepunkt. Doch erst im Februar 2006 verließ Mars seine Schleife bei 23° Stier.

Phänomene – Prinzipien – Zeit

Die Planeten sprechen ihre sehr deutliche Sprache – direkt durch den Klienten. Das Aussehen, das Benehmen und die Wortwahl bei der Beschreibung der Lebensumstände ergeben zusammen ein astrologisches Drama in Wort und Bild. Die Vorstellung des «Dramas» läuft vor den Augen und Ohren des Astrologen ab, hinter jedem Phänomen, hinter jeder Äußerung sind größere Gesetzmäßigkeiten im Spiel.

Die astrologischen Prinzipien entsprechen Phänomenen, die wir aus dem Alltag kennen. Aus dem Horoskop können wir nicht ersehen, wie und in welcher Form diese Prinzipien zum Ausdruck kommen, anhand der Ereignisse im Alltag können wir jedoch die Prinzipien, die dahinter stehen, erkennen. Zur klassischen Astrologie gehört die Lehre der astrologischen Typen, nach der Aussehen und Auftritt, Körperbau und Naturell die herrschenden Prinzipien verraten. Schon die äußere Erscheinung gibt uns wesentliche Informationen über Temperament, Psychologie und momentanen Zustand: Körperleser, Handleser und Graphologen deuten die Manifestationen im Leben.

Die Planetenprinzipien entfalten sich in den Dimensionen der Zeit und ihrer zyklischen Muster. Der Ratsuchende hat im Augenblick der Beratung ein bestimmtes Alter, zum Beispiel 37 ½: Er erzählt, dass er seit 7 ½ Jahren seine heutige Arbeitsstelle hat. Diese beiden Informationen weisen auf die Zyklen des Mondknotens und des Saturns hin, welche damit die Richtlinien der Deutung und des Ratschlags angeben. Allein die Tatsache, dass

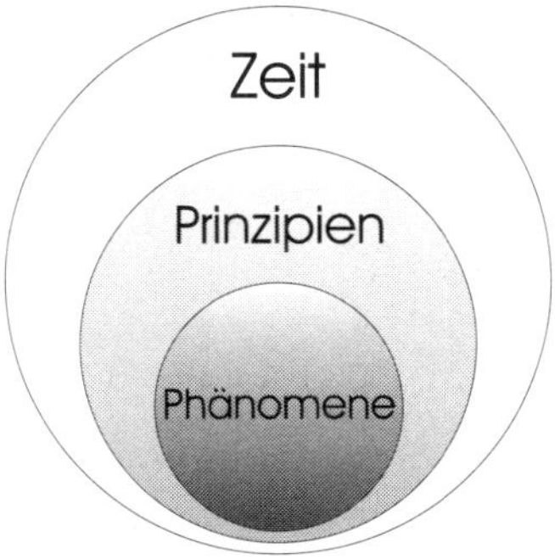

Abb. 79

er sich genau zu diesem Zeitpunkt an den Astrologen wendet, macht die Voraussage wahrscheinlich, dass eine Veränderung in Bezug auf Strukturen und das Verhältnis der Zusammenarbeit unmittelbar bevorsteht (7 ½ Jahre = 1/4 Saturnumlauf, 37 ½ Jahre = 2 × Mondknotenumlauf).

Die Zusammenhänge zwischen den Prinzipien, den Phänomenen und der Zeit können auf verschiedene Weisen dargestellt werden: Einerseits hierarchisch geordnet, wobei die Manifestationen als Verdichtungen der Prinzipien erscheinen, die ihrerseits in der Zeit enthalten sind – eine multidimensionale Mengenlehre.

Andererseits können sie gleichgeordnet, als gleichseitiges Dreieck, betrachtet werden:

- Anhand eines Phänomens wird ein dahinterliegendes Prinzip vermutet.
- Anhand des Prinzips wird ein Zeitmuster vermutet und durch Assoziationen wird weiter auf ein – oder mehrere – wahrscheinliche Phänomene geschlossen.
- Anhand der Information über die Zeit zeigt sich die Dominanz eines oder mehrerer Planeten.

Hat sich die Klientin offensichtlich um ihr Äußeres bemüht, wobei das Parfüm stark aufdringlich und der Schmuck eher

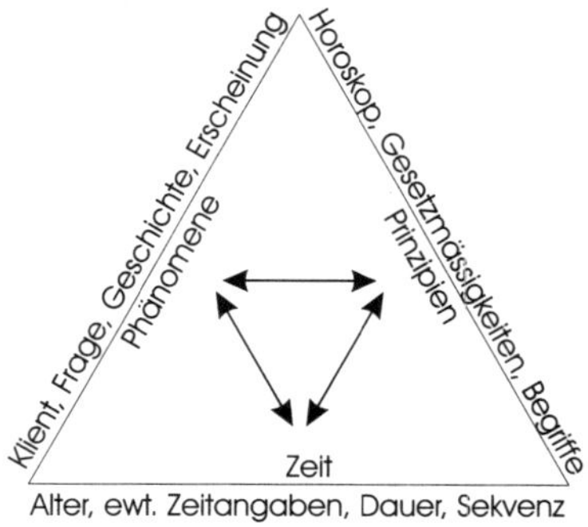

Abb. 80

vulgär ist, kann man davon ausgehen, dass eine Venus/Mars-Kombination vorhanden ist, und man hat guten Grund, die Venus- und Marsstellungen im Konsultationshoroskop näher zu betrachten.

Ein Klient mit schlaffem Händedruck, laschen Bewegungen und loser, hängender Kleidung ohne Strahlkraft trägt einen problematischen, dominanten Mond zur Schau. Wer erzählt, dass seine Wohnverhältnisse – sowohl praktisch als auch finanziell – derzeit unbefriedigend sind und dass er von anderen Menschen abhängig ist, wird im Horoskop wahrscheinlich durch einen Planeten im Exil vertreten.

Vielleicht berichtet der Ratsuchende, dass er seit Ende Juli 2005 neue, kreative Aufgaben hat und dass gleichzeitig eine Veränderung in den persönlichen Beziehungen (Verlust und/oder Gewinn) eingetreten ist. Diese Angaben weisen eindeutig auf den Eintritt Saturns in Löwe hin.

In der Arbeit mit dem Konsultationshoroskop ist der Astrologe selbst ein Teil des synchronistisch-holistischen Prozesses. Alle Sinne sind auf Empfang gerichtet, alle gleichzeitigen Ereignisse und Phänomene sind wie Kommentare der Planeten, und die Zeit ist der Leim, der alles miteinander verbindet.

Fangen Sie heute an!

Die Horoskope, die Sie in diesem Buch finden, gehören alle der Vergangenheit an, viele der beschriebenen Konstellationen werden nie mehr auftreten, andere erst wieder in dreißig oder noch mehr Jahren. Diese brauchen Sie jetzt nicht.

Was Sie für das Konsultationshoroskop brauchen, ist, auf dem Laufenden zu sein, die aktuellen Planetenstände zu kennen und Ihre «astrologischen Augen» und «astrologischen Ohren» offen zu halten. Überall treten die Planeten in ihren menschlichen Verkleidungen auf, in den Nachrichten, am Arbeitsplatz, in der Straßenbahn und im Streitgespräch am Frühstückstisch. Beachten Sie, was geschieht, und suchen Sie die Prinzipien hinter den Phänomenen. Selbst unangenehme Situationen werden interessant, und Sie lachen über sich selbst, wenn Sie sich beim Kochen die Finger verbrennen und dabei bemerken, dass Sie gerade die aktuelle Sonne/Merkur-Konjunktion verkörpern.

In der Psychologie wird vor Projektionen gewarnt, das mag seine Berechtigung haben. Doch für den Stundenastrologen heißt der Grundsatz: Richtig projizieren! Wir können nur Klienten empfangen, die unseren eigenen Konstellationen entsprechen, im Stundenhoroskop sitzen wir im 7. Haus, teilen das Horoskop mit unserem Klienten. Und die Erfahrung zeigt, dass die Ratsuchenden häufig in Prozessen stecken, die die eigenen widerspiegeln, manchmal sogar sehr konkret. Ziehe ich morgens eine rote Hose und eine weiße Bluse an, zeigt sich nicht selten, dass die Klientin mit einer roten Hose und weißem T-Shirt ankommt. Wir sitzen uns dann wie ein Spiegel gegenüber. Haben Sie Zahnschmerzen und sehen im Konsultationshoroskop Mars im 6. Haus im Quadrat zu Saturn, dann wundern Sie sich vermutlich nicht mehr. Und haben Sie Knatsch mit ihrem Partner, privat oder am Arbeitsplatz, ist es sogar sehr wahrscheinlich, dass Ihnen auch der Klient genau diese Problematik ins Haus trägt. Wobei es ja recht pikant ist, dass Sie als Astrologe/in in seinem 7. Haus erscheinen – wie sein «problematischer» Partner!

Verfolgen Sie Ihren Herrscher!

Das Konsultationshoroskop wird – wie das Geburtshoroskop – für eine bestimmte Zeit und einen bestimmten Ort aufgestellt und schildert eine konkrete Situation mit einem spezifischen Problem. Ist Mars der Aszendentenherrscher, wird der/die Ratsuchende durch Mars vertreten und ist mit Mars synchronisiert.

Doch die Planeten sind immer gegenwärtig, nicht nur, wenn wir Horoskope betrachten. Und vor lauter Berechnungen und Systemen übersehen wir als Astrologen oft, was der unwissende Laie voraussetzt, nämlich dass Astrologie gleich Sonnenstand ist.

In der Sonne läuft der zentrale Prozess der Persönlichkeit ab! Deshalb lege ich, sobald die Besprechung über die konkrete Situation hinausgeht und Fragen zur persönlichen Entwicklung auftauchen, das Konsultationshoroskop beiseite und ziehe das aktuelle Sonnenstandshoroskop heran.

In der Sonnenstandsastrologie werden die einzelnen Sonnenzeichen durch ihren Herrscher vertreten.[8] Als Stier oder Waage spielen sie durchweg die Rolle der Venus, als Steinbock oder Wassermann die Rolle Saturns usw.

8 Lesen Sie dazu den Artikel «Astrologischer Alltag bei den Sonnenzeichen», erschienen in der Zeitschrift «Astrologie Heute», April 2005.

Wenn Sie beginnen, bewusst mitzuspielen, wird bald die Spielsucht um sich greifen. Die Experimentierfreudigkeit des 5. Hauses führt über Entdeckungsreisen zur Erforschung weiterer Geheimnisse. Hinter jeder Tür verbirgt sich für den Neugierigen ein weiterer Spielplatz, und immer sind wir weiter auf der Suche.

Die Autoren

Johan Hjelmborg (geb. 1948) und Louise Kirsebom (geb. 1951) sind seit Beginn ihrer Berufstätigkeit Astrologen und Handleser.

Jeder von beiden hat eine eigene Beratungspraxis, an langfristigen Projekten wie Forschungen, Seminaren und Büchern arbeiten sie zusammen.

Ihr Arbeitsgebiet umfasst neben Astrologie und Handlesen auch Numerologie sowie Raum-, Farb- und Formsymbolik, jeweils mit Unterrichtstätigkeit im skandinavischen, deutschen, englischen und spanischen Sprachraum.

Bei Texten in Fremdsprachen zeichnet Louise Kirsebom verantwortlich primär für deutsche, Johan Hjelmborg primär für englische Texte verantwortlich.

In Deutsch bereits erschienene Bücher: «Augenblicksastrologie» (1987), «Zeichen und Planeten in der Hand» (1991) und «Merkur, Wesensglieder und Gestalten» (2000).

Kontakt und Informationen: www.stellium.dk